A. Koch

Irrgänge und Wahrheitsmomente der Theologie Ritschls

A. Koch

Irrgänge und Wahrheitsmomente der Theologie Ritschls

ISBN/EAN: 9783744621571

Hergestellt in Europa, USA, Kanada, Australien, Japan

Cover: Foto ©Lupo / pixelio.de

Weitere Bücher finden Sie auf **www.hansebooks.com**

Irrgänge und Wahrheitsmomente der Theologie Ritschl's.

Ein Vortrag,

gehalten

im oldenburgischen evangelisch-lutherischen Verein

von

A. Koch,

Paſtor zu Barbewiſch.

Oldenburg i. Gr.

Verlag von Eſchen & Faſting. — Druck von Ad. Littmann.

1897.

Nach Maßgabe der Schrift- und Kirchenlehre denke ich Ritschl's theologisches System, wie es in seinem Werke: „Die christliche Lehre von der Rechtfertigung und Versöhnung" vorliegt, zu beurteilen.*) Er selbst fordert dazu auf, indem er den Anspruch erhebt ein lutherischer Theologe zu sein und seine Dogmatik auf die heilige Schrift, zunächst die des neuen Testaments, dessen Voraussetzungen aber im alten Testament liegen, gründen will. Er lehnt es ab die Glaubenswahrheiten aus dem christlichen Bewußtsein, den Erfahrungen, sei es des einzelnen Christen oder der Gemeinde der Gläubigen, der Kirche herzuleiten, hält vielmehr an der Gründung der systematischen Theologie auf die heilige Schrift und zwar auf sie allein fest, weshalb einer seiner Schüler: Pastor Thikötter in dem Aufsatz: „Darstellung und Beurteilung der Theologie Ritschl's" — erschienen in den deutsch-evangelischen Blättern, Jahrgang 1883 — von ihm sagt, er könne den Ausspruch der schmalkaldischen Artikel: verbum dei condit articulos fidei, praeterea nemo, ne angelus quidem in vollem Maße sich aneignen. Die Schriften des neuen Testaments, deren Echtheit er größtenteils, auch die des vierten Evangeliums anerkennt, sind ihm die ursprünglichen Quellen, aus denen man das Christentum kennen lernen kann. Der unverkennbare Abstand der heidenchristlichen Literatur des nachapostolischen Zeitalters vom N. T. sei darin begründet, daß die Schriftsteller unfähig gewesen sind der richtigen a. t. Vor-

---

*) Sämtliche Stellen aus Ritschl's Werk sind nach der III. (neuesten) Auflage wiedergegeben.

1

ausſetzungen der Gedanken Chriſti und der Apoſtel
ſich zu bemächtigen. Die Erkenntniß der letzteren ſowie
der n. t. Schriftſteller überhaupt ſei durch ein authen=
tiſches Verſtändnis der Religion des alten Teſtaments
vermittelt, welches dem gleichzeitigen Judentum, dem
phariſäiſchen, dem ſadduzäiſchen und eſſeniſchen abgehe.

Iſt demnach die Schrift neuen und alten Teſtaments
Quelle und Norm der Erkenntnis des Chriſtentums,
ſo muß man ſich darüber wundern, daß Ritſchl aus ihr
nicht einen reicheren Inhalt erhebt, um ihn zum Be=
ſtandteil ſeines Syſtems zu machen. Die heilige Schrift
bietet zunächſt und vor Allem Geſchichte, nämlich
Heilsgeſchichte, in welcher Gott die Menſchheit zu dem
Heile zurückführt, welches ſie im Anfang beſaß, durch
den Sündenfall verlor, aber durch Jeſum Chriſtum
wiedererlangen ſoll. Sie enthält ein Syſtem eng unter
einander verketteter, rettender Thaten Gottes, die alle
auf das nämliche Ziel hinauslaufen. Den Zuſammenhang
dieſer Gottesthaten habe ich in meiner Schrift: „Über=
ſicht über die Heilsgeſchichte, Oldenburg 1879" dar=
zulegen verſucht. Drei Zeiträume ſind zu unterſcheiden.
Der erſte umfaßt das alte Teſtament. Innerhalb
dieſer Zeit giebt Gott nach Adam's Fall ein Heil
wieder, aber nur einem Volke, dem israelitiſchen,
noch nicht der ganzen Menſchheit, und dieſes Heil iſt
ein vorwiegend äußerliches, nur erſt vorbildliches. Der
zweite Zeitraum umfaßt die Geſchichte Jeſu Chriſti, des
Heilands, welcher der Menſchheit das rechte, wahr=
haftige, ewige Heil bereitet. Der dritte Zeitraum be=
ginnt mit der Ausgießung des heiligen Geiſtes am
Pfingſttage und ſchließt erſt mit der Erſchaffung einer
neuen Erde unter einem neuen Himmel. In dieſer
Periode wird das durch Jeſus Chriſtus bereitete Heil
der Menſchheit zugeeignet, zunächſt das inwendige,
das Seelenheil, vermittelſt des in der am Pfingſt=
tage geſtifteten Gemeinde oder Kirche Jeſu Chriſti
waltenden heiligen Geiſtes, endlich aber auch — was
noch in der Zukunft liegt — das äußere Heil,
welches in der Verklärung oder Auferweckung des
Leibes beſteht und in der Verklärung der Welt zur
geeigneten Wohnſtätte für die Gemeinde Jeſu. Aus
dieſer ganzen Reihe wunderbarer, übernatürlicher Thaten
Gottes, die uns die h. Schrift bezeugt, hebt Ritſchl

im Grunde nur eine hervor, die allerdings den Mittelpunkt der gesamten Heilsgeschichte bildet: die Gottesoffenbarung in Christo. Wie er hier das Wunder anerkennt, zeigt sich unter Anderm darin, daß er an der Thatsächlichkeit der Auferstehung des Herrn festhält. Die äußere, geschichtliche Gottesoffen= barung in Christo ist ihm, wie Prof. Nippold in seiner Schrift: „Theologische Einzelschule, T. I., S. 265" mit Recht bemerkt, das einzige supranaturale Datum, welches er statuirt. Auf dem von Christus einmal gelegten übernatürlichen Grunde der Gemeinde voll= ziehe sich dann alles sehr natürlich, empirisch, psycho= logisch erklärbar. Was die Zeit des alten Bundes betrifft, erkennt Ritschl allerdings das Wirken des göttlichen Geistes in den Propheten an, welche die Religion Israel's auf ihren Höhepunkt geführt, den Gottes= glauben Israel's gereinigt und verklärt haben. Aber nicht außerordentliche Thaten Gottes kennt er, die sofort nach dem Sündenfall beginnend die Erlösung, die durch Jesum Christum geschehen ist, vorbereiten und anbahnen. Was aber die Zukunft betrifft, so ist, wie auch Thikötter bemerkt, die Eschatologie Ritschl's sehr kurz. Fest steht ihm allerdings die dereinstige Vollendung des von Christus gestifteten Reiches Gottes. Aber Aussagen über das Wie? dieser Vollendung erhebt er nicht aus dem doch so reichhaltigen prophetischen Teil der heiligen Schrift. Und doch ist es, sollte ich meinen, sehr nötig, sich über die Gegenwart vom christlichen Standpunkt aus zu orientieren, demnach die Weissagungen der Bibel von der letzten Zeit nicht außer Acht zu lassen. Sollte auch die Frage, was mit der Parusie eintritt, ob sofort das Ende, oder noch ein Millennium vor dem Ende — unentschieden bleiben, so sind doch die Vorzeichen der Parusie, vor Allem der große Abfall vom Evangelium und die Er= scheinung des persönlichen Antichrists mit hinreichender Deutlichkeit vorausverkündigt, und wir thun wohl auf dies prophetische Wort zu achten — unter Anderm deshalb, um vor überschwänglichen und dann durch den Erfolg getäuschten Erwartungen bewahrt zu bleiben, wie sie sich an die Bestrebungen der evangelisch=socialen Partei knüpfen könnten.

II.

Ich sagte soeben, daß Ritschl keine der Offenbarung in Christo vorangehenden übernatürlichen Thaten Gottes kennt. Das bestätigt sich bereits im Hinblick auf den Urstand des Menschen. Nach der h. Schrift hat Gott den Menschen zu seinem Bilde geschaffen. Nach Vollendung der Weltschöpfung sah er an alles, was er gemacht hatte, und siehe! es war ein jedes in seiner Art sehr gut, was mit Absicht betont wird im Gegensatz zu dem Verderben, welches in Folge des alsbald darauf berichteten Sündenfalls eingetreten ist. Also wird auch der Mensch nach der Erschaffung in seiner Art sehr gut gewesen sein. Gott hat den Menschen — vgl. Prediger Salomons 7,29 — gerecht יָשָׁר erschaffen. Erst durch den Ungehorsam, die παρακοή Adams ist, wie Paulus Römer 5,12 und 19 in Uebereinstimmung mit der Urgeschichte sagt, die Sünde in die Welt gekommen. Also muß der Mensch vorher sündlos gewesen sein. Diesen Urstand leugnet Ritschl. Nach ihm ist der Mensch nur mit einer geistigen und sittlichen Anlage begabt ins Dasein getreten, indifferent zunächst gegen Gut und Bös. Demnach ist die Sünde nicht als Fall aus einem ursprünglich guten Stande zu begreifen, sie stammt vielmehr aus dem verkehrten Gebrauch, den der Einzelne von dem ihm anerschaffenen Wahlvermögen macht. Auch so verhält es sich nicht, daß, nachdem der Erstgeschaffene das Böse erwählt hat, die in Folge dessen verderbte menschliche Natur sich auf alle seine Nachkommen vererbt hätte. Rischl leugnet vielmehr die Lehre von der Erbsünde. Nach ihm kommt noch heutigen Tages jeder mit der Freiheit auf die Welt sich für das Gute oder Böse zu entscheiden. Daß es ein Reich der Sünde giebt, findet weder in der göttlichen Weltordnung noch in der Freiheitsanlage der Menschen einen nötigenden Grund, weshalb die Möglichkeit einer sündlosen Entwicklung des Einzelnen von vornherein nicht

ausgeschlossen ist. Daß es — bemerkt Ritschl III, 358
— eine sündlose Lebensentwicklung geben kann, ist
weder a priori noch gemäß den Bedingungen der Erfahrung in Abrede zu stellen. (Welch ein Widerspruch
gegen Römer 3,23! Es könnte also Menschen geben,
die der Erlösung durch Jesum Christum nicht bedürftig
wären!) Aber thatsächlich hat sich durch das verkehrte
Handeln der Einzelnen ein Reich der Sünde, die das
Gegenteil der Ehrfurcht und des Vertrauens gegen
Gott sowie des Reiches Gottes ist, allmählich heraus-
gebildet, welches alle Menschen durch die unmeßbare
Wechselwirkung des sündigen Handelns miteinander
zusammenfaßt. Weil demnach Ritschl die Sünde nicht
als eine seit Adam's Fall ausnahmslos auf der Menschheit
lastende Macht anerkennt, kann er auch den Tod nicht
als allgemeine Sündenstrafe begreifen; ihm ist derselbe
in der Naturordnung begründet im Gegensatz zu der
Lehre des Apostels Paulus, daß der Tod erst durch
die Sünde Adam's in die Welt gekommen und zu allen
hindurchgedrungen ist, vgl. Römer 5,12 und 6,23: der
Tod ist der Sünde Sold. Nach ihm besteht zwischen
Sünde und Tod wie zwischen Sünde und Uebel
überhaupt kein objectiver Zusammenhang, daß letzteres
die Strafe der ersteren sei. Er macht dagegen geltend,
daß für die Gläubigen der Tod gerade umgekehrt
die Erlösung von allem Uebel sei. Von den Uebeln,
welche sich als Hindernisse der menschlichen Freiheit
wahrnehmbar machen, behaupteten nur diejenigen die
Bedeutung der göttlichen Strafen, welche jeder durch
sein ungelöstes Schuldbewußtsein sich als solche zu-
rechnet, indem dasselbe als Ausdruck des Mangels an
religiöser Gemeinschaft mit Gott selbst schon die ursprüngliche Erscheinung der Strafe als der Verminderung
der Gotteskindschaft sei (III, 363). Allein um bei der
Bedeutung des Todesübels stehen zu bleiben, nach
1. Corinther 15 hat erst durch Christi Tod und Auferstehung, also durch objective Thatsachen für die an
ihn Gläubigen der Tod seine Macht verloren. Er
hat ihm den Stachel, welcher ist die Sünde, ausgezogen,
indem er dieselbe in seinem Leiden und Sterben gesühnt
hat. Vor Christus dagegen, abgesehen von ihm bleibt's
ausnahmslos dabei, daß der Tod der Sünde Sold
sei, weshalb er sogar den Frommen in Israel, einem

David, einem Hiskias Furcht und Schrecken einjagte. Nicht erst das subjective Bewußtsein des Einzelnen macht ihn zu einer Strafe der Sünde.

Wenn nun aber auch Ritschl nach dieser Seite hin seinen Gegensatz gegen Paulus nicht verbergen kann, so behauptet er doch, daß wenigstens die Lehre der von Adam her vererbten Sünde nicht biblisch, speziell nicht in den paulinischen Briefen begründet sei. Das Bekenntnis Ps. 51,7: siehe, in Missethat ward ich geboren und in Sünde empfing mich meine Mutter! enthalte, meint er, keine allgemeine Lehrwahrheit, während wir doch diesen Ausspruch als die Beichte der ganzen Israelsgemeinde anzusehen haben, der laut der Ueberschrift: „Dem Sangmeister" dieser Psalm als bei den öffentlichen Gottesdiensten am Orte des Heiligtums zu singendes Lied von David übergeben worden ist. Unbeachtet geblieben ist ein ähnliches Wort Hiob's, Kap. 14,4: wer wird geben einen Reinen von Unreinen? Nicht einen. Und der Herr selbst sagt: Das aus dem Fleische Geborene oder Gezeugte ist Fleisch. Nur das aus dem Geiste Geborene oder Gezeugte ist Geist (Joh. 3,6), weshalb ein jeder, der das Reich Gottes sehen will, von neuem, nämlich aus dem Wasser und Geist geboren werden muß. Was nun aber speziell Paulus betrifft, so erkennt Ritschl an, daß nach dessen Lehre die uns wahrnehmbare Verhängung des Todes vor dem eigenen Sündigen eines jeden die Bedeutung habe, daß die Nachkommen Adam's für das Urteil Gottes als Sünder hingestellt sind und daß diese Zusammenfassung der Nachkommen mit dem Stammvater durch Gottes Urteil nicht als ein nichtiger Schein beurteilt werden dürfe, vgl. Röm. 5,18, wonach es durch Eines Sünde zu einer auf alle Menschen sich erstreckende Verurteilung gekommen ist, und V. 19, wonach durch den Ungehorsam des einen Menschen die vielen als Sünder hingestellt worden sind, wozu Hofmann im Schriftbeweise (Th. I, S. 489, erste Auflage) bemerkt: „hiernach wird man bemessen können, ob die Schrift wirklich nichts davon weiß, daß Adam's Uebertretung den Nachgebornen zur Schuld gerechnet werde." Fragen wir nun aber weiter, weshalb das geschehe, so bemerkt Ritschl, daß dies nicht durch die Hypothese der natürlichen

Forterbung der Sünde erklärt werden müsse. Denn Paulus sage Römer 5 von einer Vererbung des sündlichen Hanges durch die natürliche Erzeugung kein Wort. „Dieser Hang", meint er (III, 330), „welchen Paulus in sich als vorhanden entdeckt hat, indem das Verbot ihn zur ersten bewußten Thatsünde gereizt hat (Römer 7,7—11) wird von ihm selbst nicht als angeerbt bezeichnet und kann mit Fug und Recht als etwas Erworbenes verstanden werden." Wie? Vor der ersten bewußten Thatsünde soll Paulus bereits einen sündigen Hang sich „erworben" haben? Ich sollte meinen, was er damals besaß, könne nur etwas Anererbtes gewesen sein und nicht bereits Selbst= erworbenes. So gewiß der Mensch seinen Leib nicht selbst produziert, sondern ihn von den Eltern her empfängt, so gewiß auch nicht den Fleischesleib, die von Paulus so oft genannte σάρξ. (Beides ist dem Apostel identisch. Ihm ist der Leib eben ein Fleisches= leib. Darum spricht er Römer 8,13 von dem Töten der πράξεις τοῦ σώματος, wo wir erwarten sollten τῆς σαρκός, wie denn auch Luther übersetzt hat.) Von der σάρξ aber sagt Paulus, daß in ihr die ἐπιθυμίαι und παθήματα wohnen (Galater 5,24), die wie ein strenges Gesetz, das in den Gliedern wirksam ist (Römer 7,5), den Willen, die ganze Person gefangen nehmen, sodaß selbst der Bekehrte, dessen Wille sich wieder Gott zugewandt hat, der sagen kann: ich habe Lust an Gottes Gesetz nach dem in= wendigen Menschen, nichtsdestoweniger klagen muß (Römer 7,22—24): ich sehe ein anderes Gesetz in meinen Gliedern, widerstreitend dem Gesetz meines Gemütes und mich gefangennehmend unter dem Gesetz der Sünde, welches ist in meinen Gliedern. Von letzterem Gesetz weiß Ritschl nichts. Er spricht charakteristischer Weise von dem Gesetz der Sünde im Willen (III,331) — während Paulus redet von dem Gesetz der Sünde in den Gliedern, im Fleische — entspringend der notwendigen Rück= wirkung jedes Willensaktes auf die Richtung der Willenskraft überhaupt. Aus der ungehemmten Wieder= holung selbstsüchtiger Willensbestimmungen erzeuge sich der widergöttliche, selbstsüchtige Hang. Ritschl operiert demgemäß immer nur mit dem Willen. Ganz anders Paulus, demzufolge die Macht der Sünde, nämlich der Lüste und Leidenschaften des Fleisches den Willen, die ganze Person knechten. Diese σάρξ aber, den Leib der Sünde (Römer 6,6) kann ein jeder nur ererbt, nicht selbst produziert haben.

Mit Unrecht behauptet Ritschl, daß die Annahme von Stufenunterschieden des Bösen in den einzelnen Personen, die doch ganz unentbehrlich ist, mit der Lehre von der Erbsünde unvereinbar sei, die für alle Nachkommen Adam's den gleich hohen Grad des sündigen Hanges, nämlich den höchstmöglichen statuiere. Gemeinsam ist allen die σάρξ. Aber der Wille kann sich in sehr verschiedener Weise ihr gegenüber verhalten. Gegen die Knechtschaft unter der σάρξ, in der ein jeder sich von Natur befindet, reagieren nämlich göttliche Mächte, die allgemeine Offenbarung in Natur und Gewissen, die besondere auf dem Gebiete der a. und n. testamentlichen Heilsgeschichte. Da fragt es sich nun, wie der Einzelne dem gegenüber sich stellt, ob in richtiger oder unrichtiger Weise. Beides ist möglich. Es ist daher kein Widerspruch in der Darstellung des Römerbriefs, daß Paulus einerseits alle Menschen schon in Adam schuldig und sterblich werden läßt und doch zugleich andrerseits in demselben Briefe die Entfremdung der heidnischen Menschheit von Gott wiederum auf deren Verschuldung zurückführt. Das ist keineswegs eine „verschiedenartige Lösung des geschichtlichen Problems." Obgleich der Mensch in der anererbten Fleischesnatur sich befindet, welcher er ohne göttliche Gnadenwirkungen rettungslos verfallen würde, kann er sich doch, wenn solche Wirkungen in schwächerem oder stärkerem Maße erfolgen, von ihnen, dem Grade ihrer Stärke entsprechend, bestimmen lassen wider das Fleisch. So hätten die Heiden aus der Naturoffenbarung, vgl. Römer 1,19 ff, Gottes unsichtbares Wesen, seine ewige Kraft und Gottheit erkennen können (von dieser natürlichen Gotteserkenntnis will Ritschl freilich nicht viel wissen!), weshalb sie keine Entschuldigung haben, wenn sie trotzdem Gott nicht als solchen gepriesen und gedankt haben, sondern in Bilder- und Götzendienst versunken sind. Weil somit auf Grund der allgemeinen anererbten Sündhaftigkeit immer noch ein sehr verschiedenes persönliches Verhalten möglich ist, steht jedem Einzelnen ein b e s o n d e r e s Gericht bevor. Alle Menschen sind schon in und mit Adam's Uebertretung, der physisch und geistig das ganze Geschlecht in sich beschließt, d e m Tode verfallen, der Genesis 2,17 gedroht worden, b. h. demjenigen, dessen Bedeutung und Umfang das a l t e Testament uns kennen lehrt. Er besteht darin, daß Gott seinen Lebensgeist dem Staubgebilde entzieht, infolgedessen der Leib wieder zur Erde wird, davon er genommen ist (Prediger Salomonis 12,7). Die Seele aber geht über in den Scheol oder Hades wo sie, aller Lebens= kraft beraubt, ein schlaf= und traumähnliches, nur halb bewußtes Dasein führt, das seiner Natur nach, wenn nicht durch neue Wunderthaten Gottes aufge= hoben, endlos sich fortsetzt. Daher sagt die Augustana mit Recht, daß die Erbsünde wirklich eine Schuld be= gründe, damnans et afferens aeternam mortem iis, qui non renascuntur per baptismum et spiritum sanctum. Aber schon im a. T. ist geweissagt, daß Gott die Menschen aus diesem gleichermaßen auf allen lastenden Todeszustande wieder erwecken wird, um einen jeden nach seinem speziellen Verhalten zu richten, insonderheit, wie wir aus unserer neutestamentlichen Erkenntnis hinzufügen, nach seinem Verhalten dem Heiland gegenüber. Gott wird alle Werke, sagt bereits der Prediger Salomonis 12,14, in ein Gericht bringen über alles Verborgene, es sei gut oder böse. Da werden dann etliche auferstehen zu ewigem Leben. Für sie wird der Tod aus Gnaden durch den Erlöser aufgehoben. Andere dagegen stehen auf zu ewiger Schmach und Schande (Daniel 12,2). Für sie steigert sich der Tod zum δεύτερος θάνατος, wohl zu unter= scheiden von dem ersten, welcher Strafe der Ueber= tretung Adam's war.

Schließlich sei noch auf ein Bedenken auf= merksam gemacht, welches Ritschl gegen die kirch= liche Lehre vom Urstande und der Erbsünde im Allgemeinen erhebt. Indem er alle Glaubens= wahrheiten in ihrem Verhältnis zu der Person Christi betrachtet und von diesem Mittelpunkt aus verstehen will, behauptet er, daß diejenige Theologie, welche den sittlichen Zustand, der erst mit dem Christentum für den Menschen möglich ist, schon in den Anfang der Menschheitsgeschichte verlegt und für den naturge= mäßen Bestand des menschlichen Wesens erklärt, den Uebelstand nach sich ziehe, daß die Person Christi als eine „unregelmäßige Erscheinung in der Menschen= geschichte aufgefaßt werden müsse." Auf jener Grundlage werde nämlich Christus nur als der Träger der göttlichen Gegenwirkung gegen die Sünde verstanden. Sei aber diese zufällig und unregelmäßig in der Menschheitsgeschichte, da sie ja sich hätte vermeiden lassen, so könne auch die Erscheinung Christi nur ebenso beurteilt werden. Auf diese Weise diene denn die Anlage der orthodoxen Dogmatik dazu, die geschicht= liche Erscheinung Christi unverständlich zu machen. Charakteristische Worte sind das, welche den Gegensatz gegen die biblisch=kirchliche Weltanschauung dokumen= tieren! Nach Schrift= und Kirchenlehre stehen einander gegenüber freie, unberechenbare Thaten des Menschen und Gottes. Infolge einer durch nichts zu erklärenden Selbstentscheidung, eines Ungehorsams gegen das ihm gegebene Verbot ist der Mensch aus dem ursprünglichen guten Stande, in welchen ihn Gott bei der Erschaffung gesetzt hatte, gefallen. Diesem Ereignisse aber ant= wortet die freie Liebesthat Gottes, der den Erlöser sendet aus der Sünde, vgl. Johannes 3,16. Ritschl dagegen will, wie die Wissenschaft so gern thut, überall nur Entwicklung sehen ohne Riß und Bruch. Es soll alles gesetzmäßig, regelmäßig verlaufen. Er be= findet sich hier auf der Fährte Schleiermacher's, der die Sendung Christi zum Zweck der Erlösung zugleich als die Vollendung der Menschenschöpfung will angesehen wissen. Zuerst steht die Menschheit auf der niederen Stufe, wo sie in der Sinnlichkeit befangen bleibt. Dann folgt in geradlinigem Fortschritt die höhere Stufe: die Erscheinung Christi, der jeden Moment des Weltbewußtseins durch das Gottesbe= wußtsein beherrscht. Freilich polemisiert hier Ritschl gegen Schleiermacher, aber doch nur insofern, als der von dem Letzteren gewählte Ausdruck: Vollendung der Menschenschöpfung durch Gott kein glücklicher sei, weil er den Eindruck mache, als ob mit der Geburt Christi schon alles gethan sei. Darum aber, sagt Ritschl, kann es sich nicht handeln, da Jesus,

sofern er geboren ist, von keinem Menschen unter=
schieden werden kann. Seinen eigentlichen Wert habe
er erst durch sein Leben, nämlich durch die Art und
Weise, wie er die ihm eignende geistige Anlage durch
sein alle Menschen überbietendes Selbstbewußtsein
beherrscht und durch seinen Willen auf seine persönliche
Bestimmung hinausgeführt habe. Was mit dem von
Schleiermacher gewählten Ausdruck gemeint sei, werde
daher zweckmäßiger so ausgedrückt, daß der volle
Umfang der gemeinschaftlichen Bestimmung der Menschen,
in der ihr Unterschied von aller Natur und ihre
Herrschaft über die Welt erreicht wird, zuerst in dem
Selbstbewußtsein Christi gewonnen und durch ihn offen=
bar und wirksam geworden sei. —

III.

Indem ich nun zu der Lehre von der Erlösung
übergehe, sei zunächst die Frage aufgeworfen, wie Gott
die Sünde ansieht, aus welcher er die Menschen er=
lösen will. Sie wird, antwortet Ritschl, von ihm,
der kraft seiner Liebe die Menschen in seinem durch
Christus gestifteten Reiche vereinigen will, nicht als
endgültige Absicht des Widerstrebens gegen den klar
erkannten Willen Gottes sondern als Unwissenheit
beurteilt, welche noch Vergebung möglich macht. Es
könnte scheinen, als ob damit die Schwere der Ver=
schuldung in unzulässiger Weise gemildert würde.
Indessen bemerkt Ritschl, es solle durch diese Bestim=
mung nur ausgedrückt werden, die Sünde der vor=
christlichen Menschheit habe noch nicht den Grad der
Verhärtung erreicht, daß der Wille seinen Selbstzweck
absichtlich in das Böse setze, was eine Umkehr des
Willens, eine Sinnesänderung ausschließen würde, wo=
bei an den im Gesetz Moses gemachten Unterschied
zwischen der Sünde der Verirrung, die durch
Opfer gesühnt werden kann, und der mit erhobener

Hand, d. h. frank und frei und frech begangenen
(4 Mos. 15, 27 und 30), für die es kein Opfer mehr
giebt, erinnert wird. Auch die h. Schrift bezeichnet
den vorchristlichen Zeitraum als die χρόνοι τῆς ἀγνοίας
(Act. 17. 30), die Gott übersehen habe, der nunmehr
gebietet, daß alle an allen Orten Buße thun sollen.
Erst die Auflehnung des Menschen gegen die Gottesoffenbarung in Christo steigert die Sünde zu ihrem
Vollmaße, das mit Ausrottung bestraft wird. Andererseits könnte aber der Satz, Gott beurteile die Sünde
der vorchristlichen Zeit als Unwissenheit, doch leicht
mißverstanden werden, wenn nicht zugleich energisch
betont wird, daß diese Unwissenheit eine sehr ver -
s ch u l d e t e sei. Daß die Heiden in ihren διαλογισμοί
der Eitelkeit verfallen sind und ihr unverständiges Herz
sich verfinstert habe, infolgedessen sie dann in Bilder-
und Götzendienst verfallen sind und weiter durch Gottes
Gericht in schändliche Lüste, leitet Paulus aus der
Thatsache ab, daß sie, der Offenbarung Gottes in der
Natur und im Gewissen keine Folge gebend, obwohl
sie Gott e r k a n n t , ihn nicht als Gott g e e h r t
und g e p r i e s e n haben. Eben deshalb trifft sie der
Z o r n Gottes, die Äußerung seiner Heiligkeit. Ritschl
freilich will die ὀργὴ θεοῦ auf diejenigen beschränken,
welche dem alt= und neutestamentlichen H e i l s w i r k e n
Gottes, besonders dem letzteren widerstreben, an denen
sich der göttliche Zorn nach der Anschauung des N. T.
im jüngsten Gericht realisieren werde. Demnach ständen
d i e Menschen, die mit diesem Heilswerk noch gar
nicht in Berührung gekommen sind, nicht unter Gottes
Zorn. Aber wenn auch Ritschl richtig gesehen hat,
daß in der Stelle Römer 1, 18 die ὀργὴ θεοῦ
eschatologisch zu verstehen sei als am jüngsten Tage,
nicht durch allerlei zeitliche Übel und Strafen sich ver=
wirklichend, so besteht doch die Verschuldung der Heiden,
um derentwillen sie der Zorn Gottes trifft, hier dem
Zusammenhange nach nicht in ihrem Mißverhalten
gegen die ch r i s t l i ch e Wahrheit sondern gegen die
Offenbarung in Natur und Gewissen. Und sollte auch
Ritschl's Erklärung der Stelle Ephesor 2, 3 richtig
sein, daß die Judenchristen vormals Zorneskinder wie
auch die übrigen gemäß ihrer natürlichen Selbstthätig=
keit (nicht schon wegen der Erbsünde) waren, während

sie gemäß der Bundschließung Gottes, also ϑέσει Kinder der Gnade Gottes waren, immerhin liegt doch in dem Ausspruch d e r Gedanke, daß die Menschen auch abgesehen von ihrem Verhalten gegen die Heils= offenbarung wegen ihres Dichtens und Trachtens, das böse ist von Jugend auf, schon dem Zorn Gottes unterliegen, wenn ihnen auch Unkenntnis des gött= lichen Willens irgenwie zur Entschuldigung gereicht. Sogar die Frommen in Israel erfahren nach manchen Aussprüchen in den Psalmen Erweisungen des Zornes Gottes, wie Ritschl zugesteht, wenn er sagt: man sollte erwarten, daß solche Israeliten, welche sich ihrer Bundestreue und in dieser Stellung ihrer Gerechtigkeit bewußt sind, keine Beziehung zwischen dem göttlichen Zorne und sich anerkennen werden. D i e s e s f i n d e t n u n a b e r d o c h s t a t t (II, 131). Wenn mithin auf der ganzen Menschheit jedenfalls wegen ihrer na= türlichen Selbstthätigkeit, wenn nicht schon wegen ihrer sündhaften Natur der Zorn Gottes lastet, so wird die E r l ö s u n g von demselben sowie von der Sünde, die ihn hervorruft, nicht so einfach durch bloße Kundthuung der sündenvergebenden Liebe Gottes vor sich gehen können, als wäre die Verschuldung der Menschen, weil in Unwissenheit begangen, leicht verzeihlich. Es wird vielmehr ein W e r k erforderlich sein, das sie von den Wirkungen dieses Zornes loskauft, denen sie ohne solch Werk verfallen blieben.

Wie haben wir nun die P e r s o n des Erlösers aufzufassen? Nach Ritschl ist er der vollendete Offen= barer Gottes u n d das offenbare Urbild der geistigen Beherrschung der Welt. Dies die zwiefache Bedeutung Christi! Er steht in vollendeter Gemeinschaft mit Gott. Der Weltzweck Gottes, ein Reich zu stiften, in welchem die Menschen durch das Handeln aus dem Motiv der Liebe mit einander verbunden werden, ist die Aufgabe, in deren Verwirklichung sein ganzes Leben aufgeht ohne Lücken, ohne Risse und Brüche. Durch ihn offenbart sich die auf die Herstellung eines solchen Reiches gerichtete Gnade und Treue Gottes, wie der Evangelist Johannes sagt (Kap. 1, 14): Wir sahen seine Herrlichkeit, eine Herrlichkeit als des eingebornen Sohnes vom Vater voller Gnade und Wahrheit, —— eine Wiederholung dessen, was Jehova 2 Mose 34, 6

von sich sagt. Diese von Johannes dargebotene Formel
giebt den Eindruck des persönlichen Handelns Christi
aufs treffendste wieder. Denn dies ist die Modifikation
der Liebe, welche weit über alle mögliche Erwiderung
hinausgreift und sich auch gegen alle Arten von Ab=
weisung unverändert behauptet. Er ist mehr als die
vorübergangene Veranlassung der christlichen Religion,
mehr als der Gesetzgeber für das Handeln seiner
Jünger, welcher gleichgültig würde, sobald man sich
sein Gesetz eingeprägt hätte.

Ein neues, bisher nicht gekanntes Verhältnis
zu Gott hat er erlebt, nämlich das der Gotteskind=
schaft, welches ihn zum Stifter des Reiches Gottes
macht, dessen Glieder nur durch den Glauben an ihn,
in Verbindung mit ihm in das nämliche Verhältnis
eintreten können. Die Welt beherrscht er andrerseits
wirkend wie leidend, indem er alles, was ihm ent=
gegentritt, in Mittel verwandelt seinen mit dem Willen
Gottes identischen Zweck zu erreichen, auch im schwersten
Leiden Geduld und Gottvertrauen bewahrend bis in
den Tod. Diese beiden Bedeutungen Christi werden
in dem Prädikat seiner Gottheit zusammengefaßt.
Das Wesen Gottes, da es Geist und Wille und ins=
besondere Liebe ist, kann in einem Menschenleben
wirksam werden, da der Mensch überhaupt auf Geist,
Wille, Liebe angelegt ist. Und das ist im Leben
Christi vollständig geschehen. Indem die Liebe Christi
ihre Herrschaft in allen Dienstleistungen und unter allen
Hemmungen in der Richtung auf die Verwirklichung
des Reiches Gottes bewährt, des Zieles, in welchem
der Selbstzweck Gottes insofern erfüllt wird, als Gott
die Liebe ist, so ist die „Gnade und Treue" in dem
gesammten Wirken Christi die spezifische und vollendete
Offenbarung Gottes. Hingegen, fährt Ritschl fort, soll
die Stellung Gottes zu der Welt, sofern er sie
erschafft und leitet, direkt nicht in einem Menschen=
leben, welches ein Teil der Welt ist, zur Erscheinung
gebracht werden. Wenn also unter den Merkmalen
der Gnade und Treue die Vorstellung von der Gottheit
Christi gebildet wird, so ist es nicht im Sinne des
Johannes, daß man nach den Eigenschaften der Allmacht,
Allgegenwart, Allwissenheit Christi sucht, welche da=
neben oder davor in Betracht kommen sollen. —

Also nur die ethischen Eigenschaften Gottes offenbaren
sich im Menschenleben Christi. Es ist nicht im Sinne
des Johannes, wenn man nach den drei eben ge=
nannten Eigenschaften als Christo vor seinem mensch=
lichen Leben eigen sucht. Und doch sagt der Evangelist
in dem nämlichen Kapitel, wo er die von ihm geschaute
Herrlichkeit des eingebornen Sohnes als voller Gnade
und Wahrheit bezeichnet, von diesem fleischgewordenen
Worte auf einen Stand der Dinge zurückblickend vor
dessen Fleischwerdung: im Anfang war das Wort, und
das Wort war bei Gott, und Gott war das Wort.
Dasselbe war im Anfang bei Gott. Alles ward durch
dasselbe, und ohne dasselbe ward nicht ein einziges,
was geworden ist (Kap. 1,1—3). Und mit Johannes
stimmen überein Paulus, Petrus und der Hebräerbrief.
Paulus sagt unter anderem: alles im Himmel und
auf Erden, das Sichtbare und Unsichtbare ist durch
ihn, den Sohn und zu ihm geschaffen (Koloss. 1, 16).
Und Petrus sagt (1. Petri 1,20) von Christo,
daß er zuvor erkannt worden von Gott das Lamm
zu sein, das mit seinem teuren Blute uns erlösen sollte,
vor Grundlegung der Welt, daß er aber geoffen=
baret worden (also er war bereits vorher da, nur
in die Sichtbarkeit getreten noch nicht) am Ende der
Zeiten. Und der Hebräerbrief beginnt mit einem
gewaltigen Zeugnis von der ewigen Gottheit Christi
(vgl. das ganze erste Kapitel). Diese Aussagen
gründen sich aber allesamt auf die Selbstzeugnisse
Christi in dem von Ritschl als echt anerkannten
vierten Evangelium, wo es heißt: ehe denn Abraham
ward, bin ich (Joh. 8,58) und wo von der Herrlich=
keit die Rede ist, die er bei dem Vater hatte, ehe die
Welt war (17,5) und davon, daß der Vater ihn ge=
liebet hat vor Grundlegung der Welt (17,24, vergl.
auch Kap. 6,62). Diese von Johannes, Paulus,
Petrus, dem Hebräerbrief und von Christus selbst
bezeugte Präexistenz Christi leugnet Ritschl oder bezeichnet
sie wenigstens als für den Glauben bedeutungslos.
Aber vergeblich sind seine Versuche, die betreffenden
neutestamentlichen Stellen umzudeuten. Hier vor allem
bestätigt sich, was in der Abhandlung: les origines
historiques de la théologie de Ritschl (Paris 1893)
bemerkt wird: „ohne Zweifel hat die Exegese Ritschl's

zuweilen einige seiner Behauptungen compromittirt.
Der gewaltige Dialektiker hat nicht immer den Mut
gehabt anzuerkennen, daß die Bibel mit einigen seiner
Lieblingsthesen nicht im Einklang steht, oder diese
letzteren aufzugeben, weil sie mit der Lehre der heiligen
Schriftsteller nicht übereinstimmten." Nur den Satz
des N. T.'s. vermag Ritschl mit seiner Anschauung
zu vereinigen, daß alles auf Christus hin (εἰς αὐτόν)
geschaffen worden, insofern der Weltzweck Gottes von
Ewigkeit her das durch Christus innerhalb der Welt
zu stiftende Reich Gottes gewesen ist. Aber Paulus
sagt nicht allein, daß alles zu ihm (εἰς αὐτόν), sondern
auch, daß alles durch ihn geschaffen worden: τὰ
πάντα δι᾽αὐτοῦ καὶ εἰς αὐτὸν ἔκτισται (Kolosser 1,16,
vgl. 1. Korinth. 8,6). Ganz richtig bemerkt Ritschl,
daß in der letztgenannten Stelle unter dem Herrn,
dem κύριος, durch welchen alle Dinge sind, der erhöhte
Christus zu verstehen sei. Wenn er aber dann die
Thatsache, daß hier als Mittelgrund der Schöpfung
eine Größe bezeichnet werde, welche als solche in einer
bestimmten Zeit eingetreten ist, ein „Rätsel" nennt,
welches nicht dadurch weggeschafft werden dürfe, daß
man Christus aus der Postexistenz in die Präexistenz
schiebt, da durch diese Vertauschung der deutliche und
bestimmte Sinn von κύριος undeutlich gemacht werde,
(III, 379), so ist zu erwidern, daß hier kein Rätsel
vorliegt. Wohl wird derjenige, durch den alle Dinge
sind, mit einem Namen (κύριος) beezichnet, den er
nunmehr seit seiner Erhöhung führt. Aber die mit
diesem Namen benannte Person ist die nämliche, die
schon vor ihrer Menschwerdung von Ewigkeit her bei
dem Vater war und durch die in diesem ihrem vor=
weltlichen Sein die Welt geschaffen worden ist. Der
Vorweltliche, der Innerweltliche, der Ueberweltliche:
— es ist immer das eine und nämliche Ich nur in
verschiedenen Formen der Existenz. Die Christen
nennen denjenigen ihren κύριος, durch welchen bereits
im Anfang alle Dinge geschaffen wurden. Wer Christo
die Präexistenz abspricht, der spricht ihm eben damit,
da Vorweltlichkeit, Ewigkeit ein Attribut Gottes ist,
die wahrhaftige Gottheit ab. In diesem Falle wäre
es ein Mißbrauch der Sprache von seiner Gottheit zu
reden. Während der Pantheismus Gott und Welt

mit einander vermengt, ist vom Standpunkt des The=
ismus aus, den auch Ritschl mit Entschiedenheit
vertritt, Kreatur und Gott, Geschöpf und Schöpfer
scharf zu unterscheiden. Demgemäß sind nur zwei
Möglichkeiten vorhanden. Entweder ist Christus als
der Vorweltliche, Ewige Gott. Oder er ist nicht vor=
weltlich, ewig und daher ein geschöpfliches, endliches
Wesen, wenn er auch mit Gott in Sohnesgemeinschaft
steht. Tertium non datur.

Freilich bemerkt nun Ritschl, daß die Frage, ob
wir eine Präexistenz Christi anzunehmen haben, für
das religiöse Leben ohne Bedeutung sei. Er unter=
scheidet wissenschaftliches, uninteressiertes Erkennen und
religiöses oder interessiertes. Ersteres sucht die Dinge
zu begreifen, wie sie an sich sind, ohne Beziehung auf
uns. Letzteres dagegen sieht alles in seiner Bedeutung
für uns und zwar für unser religiöses Leben an.
Nur mit letzterem Erkennen hat es die Dogmatik zu
thun, ersteres überläßt sie der Philosophie. Da hat
nun für unsern Glauben der präexistente Christus
keinen Wert. Alle Erörterungen darüber sind nach
Ritschl müssige Spekulationen und die Bestimmungen,
welche die Theologie der ersten christlichen Jahr=
hunderte darüber in dem nicäischen, athanasianischen
und chalcedonischen Bekenntnis aufgestellt habe, seien
vermittelst unberechtigter Herübernahme griechischer
(platonischer) Philosophie zu stande gekommen. Den
Glauben interessiere nur dasjenige, was Christus
innerhalb seines Menschenlebens für uns gewesen sei.
Als Zeugnis dafür macht Ritschl unter anderm den
Ausspruch Melanchtons in den loci theologici geltend:
hoc est Christum cognoscere, beneficia eius cognoscere, non quod isti (scholastici) docent, eius
naturas, modos incarnationis contueri. Christum, qui
nobis remedii et ut scripturae verbo utar, salutaris
vice donatus est, oportet alio quodam modo cognos-
camus, quam exhibent scholastici. Und den Ausspruch
der Apologie der Augsburgischen Konfession führt er
an: quid est notitia Christi, nisi nosse beneficia
Christi, promissiones, quas per evangelium sparsit in
mundum? Et haec beneficia nosse, proprie et vere
est credere in Christum. Allein wenn das neue
Testament von der Präexistenz Christi redet, will es

3

dadurch keineswegs nur die Wißbegierde befrie=
digen, sondern thut so aus religiösen Motiven.
Nachdem das erste Kapitel des Hebräerbriefs die vor=
weltliche, ewige Gottheit Jesu Christi auf das gewaltigste
bezeugt hat, unter anderem gesagt hat, das Wort des
102ten Psalms: Du, Herr! hast im Anfang die Erde
gegründet! — gelte von dem Sohne, fährt das zweite
Kapitel alsobald fort: Darum sollen wir desto mehr
acht geben auf das Gehörte, damit wir nicht auf einen
falschen Weg geraten. Denn wenn das durch die
Engel geredete Wort (des a. t. Gesetzes) sich als
verlässig erzeigt hat und jede Uebertretung und Un=
gehorsam empfangen hat gerechte Vergeltung, wie
werden wir entfliehen, wenn wir ein solches Heil
vernachlässigen, welches zuerst geredet worden durch
den Herrn. Also weil der Träger der n. t. Wort=
offenbarung eine so unendlich große Person, nämlich
ewiger Gott ist, darum sollen wir auf seine Stimme
hören. Hätte man Jesum nur als einen in vollen=
deter Gemeinschaft mit Gott stehenden Menschen
anzusehen, so wäre eine so hohe Verpflichtung seinem
Worte zu gehorchen nicht vorhanden. Und wenn es
in dem nämlichen Briefe (Kap. 9,13 und 14) heißt:
So das Blut von Böcken und Stieren und die Spreng=
asche der Kuh die Gemeingewordenen heiligt zu der
Reinigkeit des Fleisches, wieviel mehr wird das Blut
Christi, welcher durch ewigen Geist sich selbst darge=
bracht hat ohne Makel Gott, reinigen unser Gewissen
von toten Werken zu dienen einem lebendigen und
wahrhaftigen Gott! — so wird der Wert dieses
Opfers dadurch an's Licht gestellt, daß im Gegensatz
zu altestamentlichen Tieropfern hier Christus, dessen
Gottheit Kap. 1 bezeugt hat, es ist, der sich διὰ
πνεύματος αἰωνίου Gott geweiht hat. Und wenn
Paulus im Briefe an die Kolosser betont, es sei alles
durch Christus und zu ihm geschaffen, er sei vor allem
und alles bestehe in ihm, so will er dadurch seinen
Lesern zu Gemüte führen, daß sie in Christo, eben
weil er eine so hohe Person ist, alles besitzen, was
sie zu ihrem Heile bedürfen, mithin den Irrlehrern
nicht Raum geben dürfen, die ihnen vorreden, der
Glaube an Christum genüge nicht zur Seligkeit, sondern
daneben müsse man noch die Beschneidung annehmen

und allerlei jüdische Ceremonialgebote beobachten. Und
wenn Christus selbst im Johannesevangelium die
Liebesthat Gottes dadurch veranschaulicht, daß er sagt,
Gott habe seinen eingebornen Sohn gegeben, den der
Vater nach dem eigenen Zeugniß Christi in diesem
Evangelium geliebt hat vor Grundlegung der Welt,
so ist das Opfer, welches Gott gebracht hat aus Liebe
zur Welt, ein viel größeres, als wenn man sich vorstellt,
er habe es zugelassen, daß ein in Willensübereinstimmung
mit ihm befindlicher, heiliger Mensch dem Tode
anheimfiel. Mithin ist die Präexistenz Christi keineswegs für den Glauben werthlos. Wohl ist es richtig,
daß die Aussagen darüber nicht in scholastischer Weise,
abgesehen von der Beziehung auf das Heil der
Menschen, in der Dogmatik auftreten sollen. Aber
daraus folgt noch nicht, daß sie kurzweg als unfrucht-
bare Metaphysik zu beseitigen seien. — Wer sein
Vertrauen auf Christus setzt auf Grund dessen, was
dieser während seines Erdenlebens, wo die göttlichen
Eigenschaften der Allmacht, Allwissenheit und Allgegenwart nicht zur Erscheinung kamen, geleistet hat, der
bekennt sich bereits, sagt Ritschl, zu der Gottheit
Christi, da man in dieser Weise nur an Gott
glauben kann. Aber daß man so auf den Menschen
Jesus sein Vertrauen setzt, kommt doch nur daher,
daß er keine endliche, geschaffene, sondern eine ewige,
übergeschöpfliche Persönlichkeit ist. Wer diese seine
Ueberweltlichkeit leugnet, ihn somit zu einem Geschöpf
erniedrigt, der verfällt in Abgötterei, wenn er an den
Menschen Jesus glaubt wie an Gott. Allerdings
hat er uns nicht durch seine göttliche Allmacht, Allgegenwart, Allwissenheit, deren er sich entäußerte
während des Erdenlebens (Philipper 2,7), vielmehr
durch seine Heiligkeit, nämlich den heiligen Gehorsam
bis zum Tode am Kreuz erlöst. Aber diese Heiligkeit
ist nicht die einer Kreatur, weder eines Engels noch
Adam's vor dem Fall, sondern die ewig-göttliche selbst,
nunmehr als menschlich-geschichtliche erscheinend. Von
ihm gilt nicht etwa nur wie von dem Urmenschen der
Satz: potuit non peccare, sondern auch der andere:
non potuit peccare, wodurch sich die göttliche Heiligkeit
von jeder geschöpflichen unterscheidet. Darin besteht
die göttliche Güte der Person des Menschen Jesus,

daß er, wie man heutzutage von Uebermenschen redet, die über den Unterschied von Gut und Bös hinaus sind, so über die Möglichkeit der Wahl zwischen Gut und Bös hinaus ist und eben damit von den Sündern abgesondert dasteht, höher denn der Himmel ist (Hebräer 7,26). Diese Heiligkeit Gottes eignet auch dem eingebornen Sohne Gottes, eignet ihm auch während seines irdisch = menschlichen Daseins. Ihrer hat er sich nicht, konnte sich ihrer nicht entäußern, wenn er nicht wollte sich selbst aufgeben, nicht aufhören wollte, er selbst zu sein, während er der göttlichen δόξα allerdings entsagt hat. Denn die Heiligkeit ist das innerste Wesen Gottes, wie ihn die Seraphim dreimal heilig nennen (Jesajas 6,3). Daß der Sohn Gottes sie in die menschliche Natur, deren er teilhaftig ward, mit hinübernahm, war der gewisse Sieg über die Sünde und den Argen. Sieht man nun aber in Christus nur eine endliche Persönlichkeit, leugnet man seine Vorweltlichkeit und Ewigkeit, so kann ihm nur eine geschöpfliche Heiligkeit eignen, die zu unserer Erlösung und Versöhnung nicht ausreicht. Darum ist die Präexistenz Christi nicht etwa nur ein wissenschaftliches Problem sondern ein Glaubenssatz.

Wie ist es nun aber zu begreifen, daß eine so heilige Persönlichkeit wie Jesus gelebt hat in der Welt? Ritschl lehnt jeden Versuch dies zu erklären ab. „Wie die Person Christi geworden", bemerkt er (III 426), und dasjenige geworden ist, als welches sie sich für die ethische und religiöse Schätzung darbietet, ist kein Gegenstand theologischer Forschung, weil das Problem über jede Art der Forschung hinausliegt. Was die kirchliche Ueberlieferung in dieser Hinsicht darbietet, ist in sich undeutlich und deshalb nicht geeignet, etwas zu erklären." „Man hat sich — sagt er in seiner Schrift „Theologie und Metaphysik" S. 31 — aller Versuche zu enthalten, dahinter zu kommen, wie es im Einzelnen zustande gebracht, wie es empirisch so geworden ist." Bei diesen Worten wird man einigermaßen an Marcion erinnert, dessen Evangelium in völlig unvermittelter Weise damit anfing, wie der Sohn Gottes im 15ten Jahre der Regierung des Tiberius in die Stadt Kapernaum hinabstieg und plötzlich als Lehrer

auftrat. Demjenigen freilich, der wie Ritschl die
Erbsünde leugnet und die Möglichkeit einer sünd=
losen Entwicklung des Menschen statuirt, wird der
Gedanke nicht unüberwindliche Schwierigkeiten bereiten,
daß mitten in der sündigen Menschheit ein Heiliger
aufgestanden ist. Aber diejenigen, die mit Hiob
ausrufen: wer wird geben einen Reinen von Un=
reinen? — nicht einen!, und die an das Wort
denken, was der Herr selbst gesagt hat: das aus dem
Fleisch Geborene oder Gezeugte ist Fleisch, nur das
aus dem Geiste Geborene oder Gezeugte ist Geist,
werden sich geradezu genötigt fühlen zu fragen:
woher diese einzige Ausnahme von der allgemein gültigen
Regel? Und dieser Frage kommt eine Antwort
aus heiliger Schrift entgegen. Ritschl sagt (Theologie
und Metaphysik S. 32), er lasse manches dahingestellt,
worauf andere Wert legen. Das scheint eine lobens=
werte Bescheidenheit zu sein. Aber gleichwie es verkehrt
ist mehr wissen zu wollen in religiösen Fragen, als
was die heilige Schrift sagt, ist es andrerseits ebenso
verkehrt, weniger wissen zu wollen, als was die
Schrift bezeugt. In diesem Falle nun giebt sie uns
einen Aufschluß, und was sie sagt wiederholt der
zweite Artikel des Apostolikums: „empfangen vom
heiligen Geist, geboren von der Jungfrau Maria."
Diese Worte sind keineswegs „undeutlich", erklären
vielmehr vollständig das hier vorliegende Problem.
Weil heiliger Geist über Maria gekommen und die
Kraft des Höchsten sie überschattet hat, darum wird
das Geborene oder Gezeugte heilig genannt werden
und Gottes Sohn (Lukas 1,35). Erklärt man den
in Rede stehenden Satz des zweiten Artikels für
wertlos, läßt man die Möglichkeit offen, daß Jesus
wie alle übrigen Menschen Fleisch von Fleisch geboren
sei, so ist die Folge davon diese, daß er auf das
Niveau eines frommen, mit dem Willen Gottes in
Uebereinstimmung lebenden Menschen herabsinkt.

IV.

Wir kommen zu dem Werke und den Aemtern des Erlösers. Christus ist der König des von Gott beabsichtigten Reiches Gottes, d. h. der sittlichen Ver= einigung des menschlichen Geschlechts, in welcher die Vielheit der Geister in dem gegenseitigen, gemeinschaft= lichen Handeln aus Liebe, welches keine Schranke mehr an der Familie, dem Staude, der Volksge= nossenschaft findet, eine übernatürliche Einheit erreicht. Den Gedanken des Reiches Gottes, welches zugleich das höchste Gut und die höchste Aufgabe für den Menschen ist, stellt Ritschl in den Mittelpunkt der Theologie. Christus stiftet es durch seine prophetische und priesterliche Thätigkeit, sodaß sein Königtum, welches in der Gründung und Erhaltung seiner Re= ligionsgemeinde sich realisiert, in diesen beiden Aemtern zur Erscheinung kommt. Das Priestertum bewegt sich in der Richtung von den Menschen auf Gott, das Prophetentum in der Richtung von Gott auf die Menschen. Alles Thun Christi ist prophetisch und priesterlich zugleich, sodaß die Stoffe des Lebens Christi, welche in diesen beiden Formen vorgestellt werden, identisch sind. Als Prophet offenbart er Gott, seine Gnade und Treue; als Priester steht er, indem er also thut, mit Gott in der innigsten Gemein= schaft. Er ist zunächst Priester für sich selbst, will aber durch sein gesamtes Wirken auch andere in das= selbe religiöse Verhältnis der Gottesnähe und Kindschaft setzen, welches er erlebt. Keiner besonderen priesterlichen Leistung Christi bedarf es nach Ritschl, um die Schuld und Sünde hinweg zu schaffen, welche den Menschen von Gott scheidet, und ihn somit für das Reich Gottes erst fähig zu machen. Zwar erkennt er an, daß im n. T. die Sündenvergebung gerade an den Tod Christi angeknüpft wird, ein Gedanke, der

durch die Einsetzungsworte des Abendmahls — „mein
Leib, mein Blut, für euch gegeben und vergossen zur
Vergebung der Sünden" — von Christus selbst hervor=
gerufen sei. Allein dieser Tod ist nach Ritschtl doch
nur die Vollendung der Berufsaufgabe Christi, der
in der Bereitwilligkeit zwecks ihrer Durchführung
zu sterben die höchste Probe seiner persönlichen Ge=
meinschaft mit Gott als seinem Vater ablegt. Durch
seinen Gehorsam bis zum Tode behauptet sich Christus
in der Liebe Gottes (III,516). Es erinnert dies an
eine verwandte Auffassung des Todes Jesu in dem
theologischen System Hofmann's. Auch e r faßt den
Tod Christi als höchste Bewährung seines Gehorsams
gegen Gott, als die Spitze der obedientia activa auf,
während er die obedientia passiva, die im Gehorsam
gegen den Vater stellvertretend übernommene Erduldung
des Todes als Strafe der Sünde streicht. Nichtsdesto=
weniger besteht noch ein bedeutender Unterschied zwischen
der Versöhnungslehre Ritschl's und Hofmann's. Nach
letzterem bedarf die Menschheitssünde, um vergeben zu
werden, einer Sühne, einer Genugthuung. Sie besteht
darin, daß was des Menschen Ungehorsam übel gemacht
hat, durch den in allen Prüfungen und Proben bis
zum Tode hin sich bewährenden Gehorsam des zweiten
Adam, welcher der ewig bei dem Vater Seiende und
nunmehr zu diesem Zweck Mensch gewordene, der
Mensch Jesus ist, gutgemacht wird. Auf Grund
dieser vollkommenen Leistung, dieser Gerechtigkeit
Christi wird der Mensch gerechtfertigt, gerecht gesprochen.
Nach Ritschl dagegen bedarf es einer Sühnung der
Sünde überall nicht. Vielmehr nachdem die mit
geistiger und sittlicher Anlage begabte Menschheit
diese nicht dem Willen Gottes entsprechend ausgebildet
hat, offenbart Gott das r i c h t i g e religiöse Verhältnis,
in welchem der Mensch zu ihm stehen soll, in Jesu
Christo, der von allen zuerst die Gotteskindschaft und
Gemeinschaft erlebt und bis an's Ende festhält.
Sichert nun Christus durch solchen vollkommenen Ge=
horsam seine Nähe und priesterliche Stellung zu Gott,
so ist darin auch die Absicht eingeschlossen, daß die
vorhandene wie zukünftige Gemeinde ebendahin ge=
lange. Sie wird von Gott, der ihre Sünde liebend
verzeiht, in das Kindschaftsverhältnis Christi zugelassen.

Gegen beide Auffassungen des Todes Christi, Hof=
mann's sowohl wie Ritschl's, ist zu erinnern, daß sie
sich mit der Lehre des n. T. nur durch fortwährendes
Supplieren eines: „schließlich auch" abfinden können:
die Sündenvergebung ist wie an das ganze Leben
und Wirken Christi, so schließlich auch an das Ende
dieses Lebens geknüpft. Aber wenn das N. T. lehrt,
daß wir Vergebung der Sünden erlangen durch den
Tod Christi, durch sein Kreuz, durch sein Blut, durch
den Leib seines Fleisches, am Kreuz für uns hinge=
geben, durch das Opfer seines Leibes, so heißt das:
nicht auch, sondern gerade durch den Tod Christi
erlangen wir sie und durch nichts anderes. Der Tod
Christi ist selbständige Ursache der Sündenvergebung.

Die Einwendungen gegen die kirchliche Ver=
söhnungslehre faßt Ritschl in folgende Worte zu=
sammen (III,445): „unbiblisch ist die Annahme eines
Gegensatzes zwischen Gottes Gnade oder Liebe und
seiner Gerechtigkeit, welcher in der Beziehung auf das
sündige Menschengeschlecht zu einem Widerspruch
führen würde, der durch die Einwirkung Christi
gelöst werden soll. Jene Gerechtigkeit der notwendigen
Vergeltung, welche in dem Satze: fiat iustitia, pereat
mundus auszudrücken wäre, ist an sich überhaupt
kein religiöser Gedanke, und ist nicht der Sinn der
Gerechtigkeit, welche in den Urkunden des alten und
neuen Testaments von Gott bezeugt wird. Gottes
Gerechtigkeit ist sein in sich normales und zum Heile
der Glieder seiner Religionsgemeinde folgerechtes
Verfahren und ist mit der Gnade sachlich identisch.
Zwischen beiden braucht also kein Widerspruch aus=
geglichen zu werden. Unbiblisch ist die Annahme,
daß irgend eins der alttestamentlichen Opfer, nach
deren Analogie der Tod Christi beurteilt wird, auf
die Umstimmung Gottes vom Zorn zur Gnade an=
gelegt sei. Vielmehr stützen sie sich unbedingt auf die
Geltung der Gnade Gottes gegen die Bundesgemeinde
und bezeichnen nur positive Bedingungen, welche die
Glieder derselben zu erfüllen haben, um die Nähe
des gnädigen Gottes zu genießen. Unbiblisch ist die
Annahme, daß die Opferhandlung einen Strafakt in
sich schließe, dem nicht der Schuldige, sondern das
seine Stelle vertretende Opfer unterläge." Dem

gegenüber sei folgendes bemerkt. Vielfach betont
es Ritschl, daß das religiöse Verhältnis des Menschen
Gott gegenüber kein juristisches, kein Rechtsverhältnis
sei, wie er denn auch in den eben angeführten Worten
sagt, daß der Gedanke: fiat iustitia, pereat mundus
kein religiöser sei. Dieser Ansicht liegt die Wahrheit
zu Grunde, daß das ursprüngliche und richtige
Verhältnis des Menschen zu Gott allerdings kein
juristisches war. Falsch ist es mit Coccejus von dem
Erstgeschaffenen zu sagen, er habe in einem foedus
operum mit Gott gestanden, sodaß ihm die Aufgabe
gestellt gewesen sei, durch Erfüllung der Gebote Gottes
sich das ewige Leben erst zu verdienen. Vielmehr
in einem Kindschaftsverhältnis stand Adam zu
Gott. Er war, wie es am Schlusse der Genealogie
Jesu im Evangelium Lucä (Kap. 3,38) heißt, Gottes
Sohn und brauchte als solcher nur zu bleiben in
dem Stande, in welchem er erschaffen war, um als
Erbe Gottes alle Güter zu genießen, ohne sie sich erst
durch Werke verdienen zu müssen. Aber daraus
folgt durchaus nicht, daß Gott den gefallenen
Menschen nicht dem Gericht überliefert, sondern als
liebender Vater verzeiht und immer wieder verzeiht,
als hätte das Strafgesetz nur auf politischem, aber
nicht auf religiösem Gebiete Geltung. Denn der
Mensch ist eben gefallen, nicht geblieben im Stande
der Gotteskindschaft, hat aufgehört Gottes Kind zu
sein. Als solcher steht er denn allerdings in einem
Rechtsverhältnis zu Gott, nämlich das göttliche Recht
überantwortet ihn dem Tode, welcher der Sünde
Sold ist. Wollte er nun das ewige Leben, das er
verwirkt hat, sich wiedererwerben, so müßte er, was
freilich unmöglich ist, das ganze Sittengesetz erfüllen,
um dann als Belohnung seines Gehorsams die
Seligkeit zu empfangen. Da heißt's: thue das, so
wirst du leben!, während andererseits demjenigen, der
es nicht thut, die Verdammnis droht. Daß in der
That der Mensch seit Adam's Fall aus der Kindschaft
in diesem juristischen Verhältnis zu Gott steht, bezeugt
Paulus in dem der Darlegung der Rechtfertigungslehre vorangehenden Abschnitt des Römerbriefs
(1,18—3,20), in welchem nachgewiesen wird, daß
Heiden und Juden als Uebertreter straffällig sind.

4

Da heißt's nämlich Kap. 2,9: Trübsal und Angst über jede Seele der Menschen, die Böses thun, der Juden vornämlich und der Griechen. Herrlichkeit aber und Ehre und Frieden jedem, der Gutes thut, dem Juden vornehmlich und dem Griechen. Daß hier der Grundsatz der doppelten Vergeltung menschlichen Handelns ausgesprochen werde, giebt Ritschl zu, meint aber die Anerkennung dieses Grundsatzes sei nur dialektisch gemeint. Weil Juden sowohl wie Heiden denselben als feststehend annahmen, hätte Paulus, um seine Rechtfertigungslehre aus Gnaden durch den Glauben an Christum vorzubereiten, ihnen sagen wollen: seid ihr der Meinung (er selber teile diese Meinung nicht!), daß wer die göttlichen Forderungen erfüllt, zum Lohne dafür das ewige Leben empfängt, wer sie aber nicht erfüllt, unter Strafe steht, weil Gott als der gerechte Vergelter das Gute belohnt, das Böse bestraft, so habt ihr nur die letztere Vergeltung zu erwarten, weil ihr Uebertreter seid. Gegenüber dieser auf dem Rechtsstandpunkt stehenden jüdisch= heidnischen Anschauung hätte Paulus dann von Kap. 3,21 an die christliche entwickelt, derzufolge Gott ohne sich an Rechtsregeln zu binden aus freier Gnade rechtfertigt den, der da ist des Glaubens an Jesum. Aber ich meine, wir haben hier wieder ein Beispiel davon, wie Ritschl sich mit den ihm widersprechenden neutestamentlichen Aussagen abfindet. Ohne Zweifel ist der Ausspruch Kap. 3,9 und 10 nicht etwa nur dialektisch sondern sehr ernstlich gemeint. Wenn nun Gott nichtsdestoweniger Uebertreter noch rechtfertigt, so geschieht das nicht ohne weiteres, als ob die ver= geltende göttliche Gerechtigkeit nur eine jüdisch=heidnische Vorstellung, in Wahrheit aber Gott eitel vergebende Liebe wäre, die er durch Christus kundthut, vielmehr hat diese Thatsache laut Kap. 3,24 und 25 darin ihren Grund, daß eine ἀπολύτρωσις geschehen durch Jesum Christum, welchen Gott hat vorgestellt zu einem ἱλαστήριον in seinem Blut. Um zu der Er= kenntnis zu führen, daß eine derartige Erlösung not= wendig sei und daß niemand durch Erfüllung der göttlichen Forderungen sich das ewige Leben verdienen könne, — dazu ist das Gesetz gegeben. Hier macht Ritschl dem Apostel Paulus den Vorwurf, er habe dasselbe infolge seines früheren pharisäischen Standpunkts wenigstens in der einen Reihe seiner hieher gehörigen Aussprüche unrichtig gewertet, als sei es verordnet, die Israetiten zur ἐπίγνωσις ἁμαρτίας zu leiten, die Sünde zur παράβασις zu steigern, auf daß wo die Sünde mächtig geworden die Gnade noch viel mächtiger werde. Ganz anders hätten die alttestamentlichen Frommen den νόμος angesehen, die — man denke an Psalm 119! — ihre Luft fanden am Gesetz des Herrn. Aber sehen wir von diesen echten, rechten Mitgliedern des alten Bundes ab, blicken wir auf die große Masse des Volks, so ist die gesamte Geschichte Israel's mit ihren fortwährenden Gesetzesübertretungen und darauf folgenden Bestrafungen ein einziger welt= geschichtlicher Beweis dafür, daß durch Werke kein Fleisch vor Gott gerecht werden und das ewige Leben erlangen kann, daß mithin, soll es den Menschen zu= teil werden, ein anderer Weg eingeschlagen werden muß. Und so hat denn Paulus recht, wenn er von dem Gesetze sagt, daß es gegeben sei παραβάσεων χάριν (Galater 3,19). Nur durch eine große Er= lösung konnte die Menschheit aus dem sie verdammenden Rechtsverhältnis Gott gegenüber in ein neues Gnaden= und Kindschaftsverhältnis eingeführt werden, wie ein solches auf Grund der sich immer wiederholenden Sühnopfer vorbildlicher Weise für das Volk Israel im alten Bunde hergestellt war, d. h. für das rechte Israel, das infolgedessen das Gesetz des Herrn für eine teure Gottesgabe achtete, während das nämliche Gesetz der großen Masse, die in dem juristischen Verhältnis zu Gott verharrte, den Fluch verkündigte.

Ritschl leugnet, daß es eines sonderlichen Werkes der Erlösung aus Gottes Zorn und Strafe bedurft hätte. Daß Gott Sünde vergiebt, leitet er aus dessen Liebe ab, welche ihm zufolge diejenige Eigenschaft Gottes ist, welche alle anderen in sich beschließt. In dem Leben Christi, des bis zum Tode Getreuen, offenbart sich die Liebe Gottes, der den an diesen Sohn Glaubenden die Sünde vergiebt. Vor dieser Liebe Gottes tritt eine andere Eigenschaft zurück, die Heiligkeit, obwohl Ritschl bemerkt, daß die= selbe nicht eine einzelne Eigenschaft neben den anderen, der Güte, der Langmut u. s. w. sei, sondern

den ganzen Umfang einer Vorstellung von Gott be=
zeichne, welche sich durch alle Stufen der altt. Religion
verfolgen lasse (II 90). In der Heiligkeit findet er
ausgedrückt die Macht und Größe Gottes das Be=
fremden gegen Unreinheit, die leidenschaftliche Wahrung
der Zurückgezogenheit Gottes, obwohl dadurch seine
Offenbarung in Gnade und Barmherzigkeit nicht aus=
geschlossen werde. Aber im Christentum sei der Be=
griff der Heiligkeit in seinem alttestamentlichen Sinne
nicht gültig, in seinem neutestamentlichen Gebrauche
undeutlich. Hier dürfte sich uns ein Hauptfehler und
Mangel der Theologie Ritschls zeigen. Nach ihm ist
Gott nur Liebe, wobei übersehen wird, daß er heilige
Liebe ist. Die Gerechtigkeit Gottes wird in einer
Weise aufgefaßt, daß dabei die Heiligkeit nicht zu voller
Geltung gelangt. Wohl ist anzuerkennen, daß die
Gerechtigkeit Gottes im Sinne des alten Testaments
nur einseitig definiert wird, wenn man sie als die
Eigenschaft bezeichnet, vermöge deren er das Gute be=
lohnt, das Böse bestraft. Richtiger erklärt sie Ritschl
im Hinblick auf den Gebrauch des Wortes Zadik,
Zedaka in den Psalmen als das in sich folgerichtige,
sich immer gleichbleibende Verhalten Gottes, vermöge
dessen er die Seinen allen Hemmungen, namentlich
auch seitens ihrer Feinde zum Trotz zu dem Heile
führt, welches er ihnen bestimmt hat, wonach also diese
Eigenschaft mit der Gnade und Treue Gottes aller=
dings nahe verwandt erscheint. Aber diese Ge=
rechtigkeit ist und bleibt doch immer eine solche,
welche die Heiligkeit zur Grundlage hat, mithin
die Sünde auch der Frommen nicht so einfach über=
sieht, verzeiht und immer wieder verzeiht, eine
πάρεσις Vorbeilassung τῶν ἁμαρτημάτων ohne sie
zu strafen, immer auf's Neue eintreten läßt,
vielmehr eine solche, die, um die Erwählten zum Ziele
zu führen, ein ἱλαστήριον stiftet und eine ἀπολύτρωσις
im Blute Jesu Christi, zur Erweisung seiner
Gerechtigkeit in der Gegenwart, während sie in der
Vergangenheit, wo Gott die Sünde vorbeiließ, sie
unter seiner Geduld gewähren ließ, — ἀνοχή! — ohne
sie mit dem schließlichen Gericht zu bestrafen, nicht so
sichtbar hervortrat, auf daß Gott gerecht sei und zu=
gleich zur Gerechtigkeit verhelfe, nämlich rechtfertige

ben, der da ist des Glaubens (Römer 3, 24—26).
Also ist in dieser Gnadengerechtigkeit Gottes beides
untrennbar miteinander verbunden, das Eine, daß er
die Seinen zum Ziele führt, zu der Gerechtigkeit, die
vor ihm gilt, und das Andere, daß solches geschieht
auf dem Wege einer großen Genugthuung für ihre
Sünden vermittelst des Todes Jesu Christi. Es ist
wirklich, was Ritschl verneint, in Beziehung auf das
sündige Menschengeschlecht ein Gegensatz vorhanden
zwischen Gottes Gnade und Liebe einerseits und seiner
Heiligkeit andererseits, der zu einem W i d e r s p r u c h e
führt, bis dieser durch Christi Opferthat gelöst wird.
Nach Adam's Fall ist zunächst eine Scheidung und
Trennung eingetreten zwischen Mensch und Gott.
Letzterer möchte wohl, weil er die Liebe ist, mit
ersterem wieder in Gemeinschaft treten, aber die Sünde
wehrt dem, weil er der Heilige ist. Zwar erwählt er
ein Volk Israel zum Eigentum, nahet sich ihm in
Worten und Thaten der Gnade und des Erbarmens,
aber immer aufs Neue wird offenbar, daß noch etwas
zwischen ihm und Israel steht, das erst hinweggethan
werden muß, wenn ein wirkliches Gemeinschaftsver=
hältnis hergestellt werden soll. Immer wieder ver=
sündigt sich das Volk gegen das ihm gegebene Gesetz,
ruft dadurch stets neue Strafgerichte über sich herbei,
bis es völlig aus dem Lande vertrieben ist, das Gott
den Vätern verhießen hatte. Ja, mitunter bricht sogar
dann, wenn keine einzelne besondere Uebertretung vor=
liegt, die Heiligkeit Gottes wie ein verzehrendes Feuer
aus ihm heraus gegen die unerkannte Sünde (Ps. 90, 8).
Als z. B. die Bundeslade von den Philistern wieder=
kehrt, werden etliche zu Beth Semes geschlagen darum, daß
sie die Lade des Herrn gesehen hatten, und die Leute
zu Beth Semes sprachen: wer kann stehen vor Jehova
Elohim, diesem Heiligen? (1. Sam. 6, 19 und 20.)
Und als Usa nachmals, da die Lade auf einem Wagen
gen Jerusalem geführt werden soll, seine Hand aus=
streckt, um dieselbe zu halten, weil die ihn ziehenden
Rinder ausglitten, entbrennt der Zorn des Herrn
und schlägt ihn daselbst „wegen des Vergehens"
(עַל־הַשַּׁל) also nicht wegen einer groben Auflehnung
gegen das Gesetz, und David fürchtet sich vor dem
Herrn des Tages und spricht: wie soll die Lade des

Herrn zu mir kommen? (2. Sam. 6, 6 und 9.) Da
wird er, im Begriff das Heiligtum Israels so recht
in seine Nähe zu bringen, an die Kluft erinnert, die
noch immer zwischen Gott und Israel besteht, dem
Heiligen, der inmitten eines unreinen Volkes wohnt.
Während nun im alten Bunde trotz aller Annäherungs=
versuche Gottes an Israel immer wieder durch That=
sachen und Worte daran gemahnt wird, daß noch eine
große Kluft befestigt ist zwischen dem Heiligen und den
sündigen Menschen, ists im neuen Bunde anders. Da
heißt's: das Gesetz, welches die Heiligkeit Gottes
zum Ausdruck brachte und nur vorbildliche,
schattenhafte Tilgungsmittel der Schuld des
Menschen anordnete, ist durch Moses gegeben. Die
Gnade und Wahrheit aber ist durch Jesum Christum
geworden. Weil in ihm anstatt der vorbildlichen
Sühnungen und Gutmachungen der Sünde die wahr=
haftige erschienen ist, tritt nunmehr die Liebe Gottes
in den Vordergrund, wird in derselben Weise betont
wie zur Zeit des alten Bundes die Heiligkeit,
die immer wieder nicht allein gegen die Sünde selbst,
sondern auch gegen ihre Nachwirkungen und Folgen
wie Krankheiten und Tod, gegen alles Widrige und
Häßliche auf dem Gebiet des leiblichen Lebens reagierte.
Erst im Hinblick auf das Gericht des jüngsten Tages,
das diejenigen treffen wird, welche die Offenbarung
der Gnade und Wahrheit in Christo verwerfen, tritt
dann abermals — so namentlich in der Apokalypse —
die Heiligkeit Gottes und ihre Aeußerung: der Zorn
hervor, der die Widerwärtigen verzehren wird. Der
Grund dieses Unterschieds zwischen dem alten und
neuen Testament ist nicht mit Ritschl darin zu suchen,
daß sich der Gedanke von Gott, die Vorstellung
von ihm weiter entwickelt und vervollkommnet hätte,
sondern er beruht darauf, daß eine neue große That=
sache der Heilsgeschichte eingetreten ist: die Er=
scheinung des wahrhaftigen Versöhners und Mittlers
zwischen Gott und den Menschen. Dieser aber thut
nicht allein die sündenvergebende Liebe Gottes kund,
sondern macht es ihr zugleich möglich, die Sünde
zu vergeben, indem er das rechte Opfer für die
Sünde darbringt, worin sich die Liebe Gottes als
die heilige offenbart.

Daß die Gerechtigkeit im Sinne des alten
Testaments mit der Heiligkeit Gottes innig ver=
bunden ist, erhellt eben auch aus der Opferinstitution.
Wohl ist es richtig, was Ritschl wiederholt hervor=
hebt, daß die gesamte a. t. Opfergesetzgebung den
Bestand eines Gnadenverhältnisses zwischen Gott und
Israel voraussetzt. Denn bestände es nicht, so
würde Gott die Vergehungen Israels nicht durch
Sühnemittel hinwegschaffen, sondern sie durch Gerichte
strafen. Andrerseits aber zeigt sich in der Einsetzung
blutiger Opfer, daß seine Gnade etwas zu über=
winden, zu beseitigen hat, ehe sie sich dem Volke
mitteilen kann. Schon daß es überhaupt zu einem
Bunde zwischen Gott und Israel kommt, ist nur auf
Grund blutiger Opfer möglich. Denn wie das zweite,
das neue Testament, wo ein Tod eintrat zur Erlösung
von Uebertretungen, die unter dem ersten geschehen waren
(Hebr. 9,15), ist bereits das erste, das a. T. nicht ohne
Blut gestiftet, hebt der Hebräerbrief hervor — Kap.
9,18 — und erzählt dann in Uebereinstimmung mit
2. Moses 24,5 ff. diese Stiftung, mit den Worten
schließend: ohne Blutvergießen geschieht keine Ver=
gebung (V. 22). Daß Gott überhaupt, wozu ihn
seine Liebe bewog, in Gemeinschaft mit Israel trat,
war nicht so ohne weiteres sondern nur dadurch
möglich, daß die Sünde, die zwischen ihm und Israel
stand und zunächst jede Annäherung verhinderte,
wenigstens vorbildlicher, freilich auch nur vor=
bildlicher Weise — vgl. Hebräer 10,4 — gesühnt
wurde. Und auch nachdem der Bund geschlossen
worden, mußten immer neue Opfer folgen, die täg=
lichen Sünden der Gemeindeglieder zu sühnen, sie vor
dem Angesicht des heiligen Gottes zu bedecken, eine
Deckung, ein כֹּפֶר für sie zu beschaffen. Ritschl freilich
leugnet die Combination zwischen Opfer und Bedeckung
der menschlichen Sünde. Er bestreitet, daß die Gesetzes=
formel: כִּפֶּר עַל־נַפְשׁוֹ, wie gewöhnlich erklärt wird,
als Abkürzung für כִּפֶּר עַל חַטַּאת נַפְשׁוֹ zu nehmen sei
(II,195 u. ff.), sodaß die Opferhandlungen die Schuld
des Menschen vor Gott bedecken sollten, faßt vielmehr
das in Rede stehende Wort im Sinne einer Schutz=
bedeckung durch priesterliche Handlungen vor der
lebenvernichtenden Macht des Angesichts Gottes

im allgemeinen auf, die keine Rücksicht auf die
Sünde der Opfernden einschließt, sondern nur die
Rücksicht darauf, daß sie geschöpfliche, endliche Wesen
sind. Durch die israelitische Urgeschichte ziehe sich
nämlich der Gedanke hindurch, daß der Mensch von
vornherein, weil er Creatur sei, Gottes Antlitz nicht
sehen könne, ohne vernichtet zu werden (II,202). Vor
dieser lebensgefährlichen Wirkung der Nähe Gottes
sollen nun den Israeliten, der mit seinem Dienste
Gott nahe tritt, die vorgeschriebenen priesterlichen
Handlungen schützen. Nicht einmal die Sünd= und
Schuldopfer bewirken nach Ritschl die Vergebung
der Sünden, vielmehr geht die Vergebung vermittelst
dieser Opfer daraus hervor, daß die ihrer bedürftigen
unter dem Schutze der für ihre Fälle vorgeschriebenen
Opferhandlungen vor das Angesicht Gottes gebracht
werden und dort dann seine Gnade erfahren, die
keiner Sühne bedarf. Wenn also zu der Gesetzes=
formel כִּפֶּר עַל־נַפְשׁוֹ hinzugefügt wird: עַל־חַטָּאתוֹ
oder מֵחַטָּאתוֹ, so ist zu erklären: decken über die Seele
jemandes (ihn zu schützen vor der lebensgefährlichen
Nähe Gottes) in Veranlassung seiner Sünde,
damit er nämlich ohne Furcht vor dieser Nähe bei
dem immerdar gnädigen, liebreichen Gott die Ver=
zeihung seiner Sünden nachsuchen könne — ein für
die Anschauung Ritschl's charakteristischer Gedanke!
Der blutigen Opfer bedarf es also nur deshalb,
weil der Mensch ein endliches, geschöpfliches Wesen
ist und als solches die Gegenwart Gottes nicht er=
tragen kann, nicht etwa deshalb, weil er ein Sünder
ist. Ich sollte meinen, wenn Gott sogar die Sünd=
haftigkeit des Menschen übersieht, sie einfach verzeiht,
würde er um so mehr seine Endlichkeit übersehen,
ihn nicht aus diesem Grunde mit dem Tode treffen.
Ritschl selbst erinnert an Jesajas 6,5 (II,203), wo
die Befürchtung des Propheten wegen seines Gott=
schauens vernichtet zu werden mit seiner Sünd=
haftigkeit begründet wird (vgl. im N. T. den
Ausruf des Petrus: Herr, gehe hinaus von mir, denn
ich bin ein sündiger Mensch, Lukas 5,8), meint aber,
dies sei erst ein späterer Gesichtspunkt. Aber
wenn in der Urgeschichte bereits Adam nach dem
Sündenfall sich gegen Gott darüber entschuldigt,

daß er sich vor ihm versteckt habe, so ersieht man
daraus, daß die Nähe Gottes bisher ihm erfreulich
und nicht etwa deshalb schon, weil er ein Geschöpf
war, schrecklich gewesen sein wird. In der Stelle
Jesajas 6,5 kommt nur zu Tage, was von jeher der
Grund gewesen ist, weshalb die Menschen, sogar
fromme wie Jesajas sich vor der Nähe Gottes fürchten
mußten. Wenn Ritschl ferner bemerkt (II,199), die
Formel: die Seele jemandes bedecken — bezeichne
nicht nur die Wirkung der Sünd= und Schuldopfer,
sondern auch die der Brand= und Heilsopfer, bei denen
keine Rücksicht auf die Sünde der Opfernden nach=
weisbar sei, „denn" — fährt er fort — „warum
würde bei den Sünd= und Schuldopfern allein die
fernere Wirkung, „daß ihnen vergeben wird", „um
sie zu reinigen" hinzugefügt, außer um anzudeuten,
daß allein bei diesen Klassen der Opfer die voran=
gegangene Verschuldung als Anlaß in Betracht
kommt?" — so ist darauf erstens zu erwidern, daß
er die beiden Stellen 3. Mof. 1,4 und 3. Mof. 14,20
übersehen hat, wo auch als Wirkung des Brand=
opfers dieses bezeichnet wird: „es wird vergeben
ihm, zu decken über ihm" לְכַפֵּר עָלָיו und: der Priester
decket über ihn und rein wird er", zweitens aber,
daß bei jedem Opfer die Blutvergießung auf die
Sühne der Sünde sich bezieht (vgl. Hebr. 9,22), aber
nur bei dem Sünd= und Schuldopfer die Hauptsache
ist.

Im Brandopfer dagegen ist's die Ver=
brennung auf dem Altar, Gott zu einem süßen
Geruch wodurch positiv das Wohlgefallen Gottes
demjenigen wiedererworben wird, der durch die Blut=
vergießung von der Sündenstrafe befreit worden.
Bei dem Heilsopfer dagegen ist die Hauptsache
das Opfermahl, das Essen der Opferspeise vor
dem Angesicht des Herrn, wodurch der Mensch in die
volle Gemeinschaft mit Gott wieder aufgenommen
wird (vgl. hierüber Kliefoth: Liturgische Abhand=
lungen, Band IV, S. 73 u. ff.) Dies der Grund,
weshalb in der Regel nur bei den Sünd= und
Schuldopfern die Wirkung: „daß ihnen vergeben
wird, um sie zu reinigen" — hinzugefügt wird.

5

Darum kann doch die Formel כִּפֶּר עָלָיו auch
bei den Brand= und Heilsopfern auf die Bedeckung
des sündhaften Individuums vor der Heiligkeit
Gottes sich beziehen. Daß sie sich aber wirklich in
allen Fällen darauf bezieht, erhellt aus dem Umstand,
daß uns außerhalb der mosaischen Opfergesetzgebung
an zahlreichen Stellen des A. T. der Ausdruck
כִּפֶּר עָוֹן oder חַטָּאת (Sünde bedecken) entgegen=
tritt (vgl. Pf. 65,4. 78,38. Jesajas 6,7, 22,14.
27,9. Daniel 9,24.) Freilich bemerkt Ritschl, daß
diese Bedeckung nicht von dem opus operatum des
Opferns sondern von subjektiven Bedingungen einerseits
(der Buße, vgl. Pf. 51) und von der freien Gnade
Gottes andrerseits abhängig gemacht werde. Aber
damit ist keineswegs bewiesen, daß der in der Thora
gebräuchliche Ausdruck כִּפֶּר עַל־נַפְשׁוֹ in
einem ganz anderen Sinne aufzufassen sei. Eine
zwiefache Bedeckung der Sünde haben wir zu
unterscheiden im alten Bunde, die äußere, gesetzliche
und die innerliche. Erstere realisiert sich darin, daß
jeder Israelit, der das für seine Sünde vorgeschriebene
Opfer bringt, — ganz abgesehen von der Beschaffen=
heit des Herzens — Mitglied des Volkes Gottes bleibt,
während er andernfalls ausgerottet werden würde aus
der Gemeinde. Die Wirkung der letzteren dagegen
besteht darin, daß der bußfertige Israelit — wie
David nach der Versündigung mit Bathseba, vgl.
Pf. 51 — der Gnade Gottes wieder teilhaftig wird.
Völlig unmotiviert ist es nun, diejenigen a. t. Stellen,
in denen der Ausdruck כִּפֶּר עָוֹן oder חַטָּאת
vorkommt, losreißen zu wollen von den so nahe ver=
wandten der Opfergesetzgebung, in denen die Formel
כִּפֶּר עַל־נַפְשׁוֹ oder עָלָיו gebraucht wird —
und das um so mehr, als im 1. Sam. 3,14 aus=
drücklich von einer Bedeckung der Sünde durch
Opfer die Rede ist. Da heißt's nämlich: die Misse=
that des Hauses Eli soll nicht bedeckt werden durch
Schlachtopfer und Speisopfer in Ewigkeit. Mag hier
immerhin, wie Ritschl will, nicht an irgend welche
in der Thora vorgeschriebene Opfer zu denken sein
da diese nicht für so schwere Frevel, wie sie Eli's
Söhne begangen hatten, angeordnet waren, jedenfalls

liegt der Gedanke zu Grunde, daß Handlungen, die
unter die Kategorie der Opfer fallen, Versündi=
gungen möglicherweise bedecken. Entscheidend spricht
gegen Ritschl der Abschnitt Hebräer 10,1—6, dem
zufolge die Blutvergießung bei den Opferhandlungen
nicht etwa die Tendenz hatte, den durch seinen Dienst
in die Nähe Gottes Tretenden vor den für jedes
Geschöpf lebensgefährlichen Wirkungen der göttlichen
Gegenwart zu schützen, vielmehr die: Sünden
wegzunehmen, — eine Tendenz, die freilich nicht
dadurch schon, sondern erst durch das Opfer des
Leibes Christi verwirklicht wird (vgl. V. 4. u. V. 10).
Es ist mithin Ritschl nicht gelungen, die Combi=
nation zwischen Opfer und Bedeckung der menschlichen
Sünde als verfehlt nachzuweisen, und selbst einmal
angenommen, daß die Opferhandlungen den Israe=
liten nur vor der jedes creatürliche Leben vernich=
tenden Aeußerung der göttlichen Gegenwart bewahren
sollten, müßte man nicht fragen: weshalb ist zu
diesem Zweck gerade Blutvergießung verordnet?
Liegt nicht auch in diesem Falle die Idee der Stell=
vertretung sehr nahe, die Ritschl vermeiden möchte,
daß für den Menschen, der, weil er in die Nähe
Gottes tritt, eigentlich sterben müßte, der Tod des
Thieres erfolgte? Jedenfalls wäre der Gedanke,
daß die Gegenwart Gottes für jedes endliche Wesen
lebensgefährlich sei, nur als eine vergängliche alt=
testamentliche Zeitvorstellung anzusehen, die im neuen
Bunde keine Gültigkeit mehr hätte. Wie haben wir
aber dann den Tod Jesu zu beurteilen, der vielfach
im n. T. auch als Opfer, nämlich als die Erfüllung
der auf ihn weissagenden blutigen Opfer des alten
Bundes angesehen wird? Der Grund diesen Tod
vom Gesichtspunkt des Opfers aus zu betrachten
fiele ja weg.

Es bleibt also dabei, daß die Gnadengerechtigkeit
Gottes, welche die Seinen zum Heile führen will,
nur so ihr Ziel erreicht, daß sie eine Bedeckung, eine
Gutmachung ihrer Sünden beschafft, vorbildlicher
Weise im alten Bunde, wesenhaft im neuen Bunde
durch Christi Tod, womit der göttlichen Heiligkeit
ein Genüge geschieht. Ritschl sucht in allen biblischen
Aussagen über den Tod Christi die stellvertretende

Bedeutung desselben zu beseitigen. Trotz seiner Be=
mühungen gelingt es ihm aber doch nicht mit allen.
Erstens nämlich findet er in der Weissagung Jesajas
53 ausgesprochen, daß der Knecht Gottes an der
Stelle des ungehorsamen Volkes leide und infolge=
dessen die Heilung des Volkes eingetreten sei. Wie
aber diese Beziehung zwischen Ursache und Wirkung
gedacht sei, werde in der prophetischen Rede nicht
angegeben (II,63). Er muß zweitens anerkennen,
daß Galater 3,13 die den Juden heilsame Wirkung
des Kreuzestodes Jesu durch die Vorstellung eines
Aequivalents für den Fluch des Gesetzes vermittelt
wird. Es komme da auf die Aequivalenz des Fluch=
leidens Christi mit dem unterbliebenen Fluchleiden der
Juden an (II,256). Er gesteht drittens zu, daß in
1. Korinth. 6,20 und 7,23 — ἠγοράσθητε τιμῆς —
das ἀγοράζειν nicht etwa nur „erwerben" bedeute,
da die Angabe des Preises — τιμῆς — den Begriff
des Erwerbens zu dem des Kaufens schärfe.
Aber wenn man das Bild deutlicher zu machen suche
durch Ergänzung des früheren Besitzers der Gläu=
bigen, der zugleich der Empfänger des Lebens Christi
sei und der von dem gegenwärtigen Eigentümer: Gott
verschieden wäre, so bliebe man von allen direkten
Fingerzeigen verlassen (II, 257).

Im Zusammenhang mit der Leugnung der
stellvertretenden Bedeutung des Todes Christi steht
es nun auch, daß die durch ihn bewirkte Ver=
söhnung (καταλλαγή) in völlig subjektiver Weise
aufgefaßt wird. Nach Ritschl besteht sie darin,
daß die der sündigen Feindschaft gegen Gott entge=
gengesetzte Richtung des Willens auf Gott in den
Menschen hervorgerufen wird. Paulus dagegen
sieht die καταλλαγή als in dem Sterben Christi eo
ipso geschehen an. Römer 5,10 sagt er: da wir
Feinde waren, wurden wir Gott versöhnt durch den
Tod seines Sohnes, sagt im folgenden Verse: durch
ihn haben wir die Versöhnung empfangen, wodurch
ausgeschlossen wird, daß wir unsrerseits durch Aen=
derung der subjektiven Gemütsverfassung etwas zu
dieser καταλλαγή beitrugen. In Uebereinstimmung
damit heißt's Kolosser 1,21 und 22, daß wir einstmals
entfremdet und Feinde nun versöhnt wurden ἐν

τῷ σώματι τῆς σαρκὸς αὐτοῦ διὰ τοῦ θανάτου, (vgl. Epheser 2,16). Wie kann man prägnanter ausdrücken, daß durch den Tod Christi alles schon vollbracht sei! 2. Korinther 5,19 und ff. unterscheidet Paulus die That Gottes, daß er in Christo die Welt mit sich versöhnte, ohne die Sünde anzurechnen, von der nunmehr durch das Wort von der καταλλαγή an den Einzelnen gebrachten Bitte: καταλλάγητε τῷ θεῷ — eine Bitte, die auf Grund davon ergeht, daß Gott denjenigen, der Sünde nicht gekannt hat, für uns zur Sünde gemacht hat, auf daß wir würden Gottesgerechtigkeit in ihm. Da ist doch wohl deutlich, daß die καταλλαγή eine objektive, durch Christi Tod ein für allemal vollbrachte Thatsache ist. Und nun vergleiche man damit die Eintragung von Zwischengedanken, durch welche Ritschl sich mit diesen Stellen abfindet: die Menschen geben, indem sie die sündenvergebende Liebe Gottes erfahren, welche in dem bis zum Tode bewährten Christus sich offenbart, ihre frühere Feindschaft gegen Gott auf, werden ihm versöhnt. Da erscheint die Versöhnung als Folge der Rechtfertigung, nicht als ihre Voraussetzung, weshalb denn auch Ritschl sein Buch betitelt: „Die christliche Lehre von der Rechtfertigung und Versöhnung“, während man die umgekehrte Reihenfolge erwarten sollte.

Gegen die objektive Auffassung der καταλλαγή wendet Ritschl ein (wie andre, z. B. Menken vor ihm), daß im N. T. nirgends der Satz vorkomme: Χριστὸς ἐξιλάσατο τὸν θεόν oder ὁ θεὸς κατηλλάγη, statt dessen es vielmehr heißt: θεὸς ἦν ἐν Χριστῷ κόσμον καταλλάσσων ἑαυτῷ. Es sei eine heidnische Anschauung, daß Gott, sein Zorn versöhnt werden müsse, daß in ihm eine Umstimmung von Zorn zur Gnade erfolgen müsse, er sei vielmehr immerdar barmherzig und gnädig. Aber heidnisch ist nur die Vorstellung, daß, während Gott völlig passiv dabei bleibt, durch eine Einwirkung oder Leistung von andrer Seite her sein Zorn besänftigt, eine Umstimmung in ihm hervorgerufen wird. So verhält sich's nicht. Er selbst vielmehr macht es sich möglich durch eine Genugthuung für die Sünde, die seine Liebe in dem eigenen Sohne beschafft, die abgefallene

Welt, die als solche ihm fern war, Gegenstand seines
Mißfallens, nun wieder anders zu betrachten, für
sein Urteil in eine andere, ihm wieder zugewandte
freundliche Richtung zu setzen (ἀποκαταλάσσων heißt
eigentlich: wieder herzuwenden), so daß es, ganz ab=
gesehen von dem Verhalten des Einzelnen, seit der
Erscheinung Christi heißen kann: an den Menschen
ein Wohlgefallen!

V.

Von dem Werke Christi gehen wir über zu der
Aneignung desselben in der Rechtfertigung.
Schrift= und bekenntnisgemäß definiert sie Ritschl als
Gerechtsprechung, nicht in katholischer Weise als
Gerechtmachung. Nicht das Verhalten des Men=
schen wird in diesem Akte verändert sondern sein Ver=
hältnis zu Gott. Die Rechtfertigung sei die Auf=
hebung der Schuld und des Schuldbewußtseins, Auf=
nahme von Sündern in die Gemeinschaft mit Gott,
in welcher deren Heil verwirklicht und auf das ewige
Leben hinausgeführt werden soll. Mit ihr falle zu=
sammen die Annahme des Menschen zum Kinde
Gottes und die, wie bereits gesagt, von Ritschl völlig sub=
jektiv gefaßte Versöhnung in der Art, daß zwar
die Erinnerung der Unlust an der begangenen Sünde
aufbewahrt, aber zugleich an die Stelle des Miß=
trauens gegen Gott die positive Zustimmung des Willens
zu Gott und seinem Heilszwecke eintritt (III. 83).
Dieses göttliche Urteil ist ein freies, nicht etwa be=
dingt durch irgend welche sittliche Leistung des Menschen,
vielmehr wird von dem Sünder nichts als Glaube
gefordert. Mit Recht verwirft Ritschl die moderne
Auffassung, daß Gott den Menschen deshalb recht=
fertige, weil er in dem Glauben bereits Prinzip und
Anfang der Heiligung erblickt, deren Vollendung

anticipierend er ihn für gerecht erklärt. Vielmehr
kommt der Glaube hier nicht als die beginnende
Heiligung, sondern nur insofern in Betracht, als er
die Gnade Gottes in Christo ergreift. Weil Gott in
Christo sich als sündenvergebende Gnade und Liebe
geoffenbaret hat, rechtfertigt er denjenigen, der an diese
Gnade glaubt. „Der Grund der Rechtfertigung oder
Sündenvergebung ist die wohlwollende, gnädige, barm=
herzige Willensbestimmung Gottes, Sündern den Zu=
tritt zu sich zu gewähren. Die Form, in welcher
Sünder sich diese Gabe Gottes aneignen, ist der
Glaube, das affektvolle, von dem Werte dieser Gabe
für die Seligkeit überzeugte Vertrauen, das an der
Stelle des bisher mit dem Schuldgefühl verbundenen
Mißtrauens durch die Gnade hervorgerufen wird"
(III. 104). So findet sich denn also auch bei Ritschl der
richtige Satz: Gott rechtfertigt den Menschen um
Christi willen mittelst des Glaubens. Da aber nach
ihm, wie wir gesehen haben, jede für die Sünde genug=
thuende Leistung Christi fortfällt, so ist das Objekt,
welches der Glaube im Rechtfertigungsakt zu ergreifen
hat, doch ein anderes, als das von der Schrift= nnd
Kirchenlehre bezeichnete. Es ist nicht der zum Besten
der Sünder und anstatt ihrer (1. Timothus 2, 6) den
Tod als Sold der Sünde Leidende, dessen der Gläu=
bige sich getröstet, sondern er faßt Vertrauen zu der
keiner Sühne bedürfenden Gnade Gottes, die sich in
Christo geoffenbart und in ihm das neue Gemeinschafts=
verhältnis zu Gott gestiftet hat, in welches der Glau=
bende zugelassen wird. Damit hängt aber ein Anderes
zusammen. Weil Christus nicht aufgefaßt wird als
derjenige, der durch seine im Tod vollbrachte Leistung
die Rechtfertigung des Sünders erst ermöglicht hat, ist
es nicht notwendig, daß er in dieser Gestalt jedem
Einzelnen nahe tritt. Es genügt vielmehr, daß man
das Resultat seines gesamten Wirkens vor Augen
sieht: die christliche Gemeinde. Sie hat die Sünden=
vergebung und Rechtfertigung, welche durch Christus
verbürgt worden ist, und indem sich nun der Einzelne
in diese Gemeinde „einrechnet", wird er der Recht=
fertigung, welche sie besitzt, teilhaftig. Wir haben hier
also eine Gemeinde= nicht eine Individual=
rechtfertigung! Darum betont es Ritschl so sehr, daß

die Sündenvergebung der Gemeinde gelte, daß als
das Correlat aller an den Opfertod Christi geknüpften
Wirkungen die Gemeinde und niemals der einzelne
Gläubige als solcher gedacht werde (II. 217)). Wo
immer die n. t. Schriftsteller in der ersten oder zweiten
Person Pluralis redend die Wirkungen des Opfers
Christi auf sich und andere beziehen, z. B. wenn Paulus
Epheser 2, 8 sagt: aus Gnaden seid ihr gerettet durch
den Glauben, da sei die Gemeinde vorgestellt. Es
ist ihm unbequem, wenn daneben die Rechtfertigung
des Einzelnen zum Ausdruck kommt, wie Röm. 3, 26
u. 28. Wenn Paulus 1. Kor. 6, 11 von den Christen sage:
ἡγιάσθητε ἐδικαιώθητε, so beurteile er die Einzelnen
nicht so, daß er sich getraue, an jedem die Gültigkeit
dieser Aussagen nachzuweisen, sondern nach dem Maß=
stabe, daß die Leser der Gemeinde Jesu Christi an=
gehörten. Damit thue er kund, daß er keine Recht=
fertigung außerhalb oder vor der Zugehörigkeit zur
Gemeinde vorstelle. Die Aussprüche Luthers, daß die
christliche Gemeinde oder Kirche voller Sünden=
vergebung sei, daß der h. Geist in der Christenheit
mir und allen Gläubigen täglich alle Sünden reichlich
vergiebt, stellt Ritschl in Gegensatz zu Melanchthon
und den ihm folgenden lutherischen Dogmatikern,
welche den ordo salutis unabhängig von dem locus de
ecclesia behandelten. Durch den Einfluß Melanchthon's
sei (anders Calvin und sein Nachfolger) unter den
lutherischen Theologen die Voraussetzung zur Geltung
gekommen, als ob der Einzelne das direkte Correlat
der Rechtfertigung in der Absicht Gottes sei, und daran
knüpfe sich dann die Erwartung, daß man sich deren
ebenso unmittelbar, d. h. ohne Vermittelung des Ge=
dankens der Gemeinde versichern könne. Daher pole=
misiert denn auch Ritschl gegen die bekannte Formel,
in welche Schleiermacher den Gegensatz zwischen Katho=
lizismus und Protestantismus gefaßt hat, daß jener das
Verhältnis des Einzelnen zu Christus von seinem Ver=
hältnis zur Kirche, dieser das Verhältnis zur Kirche
von demjenigen zu Christus abhängig mache. Dem
gegenüber erinnert Ritschl daran, daß auch bei den
evangelischen Christen das richtige Verhältnis zu
Christus geschichtlich wie logisch durch die Gemein=
schaft der Gläubigen bedingt sei, geschichtlich, weil

letztere immer schon vorfindet wer zum Glauben ge=
langt und niemand ohne ihre Einwirkung dieses Ziel
erreicht, logisch, weil keine Wirkung Christi auf den
Menschen vorgestellt werden könne, außer nach dem
Maßstabe der voraufgehenden Absicht Christi eine Ge=
meinde zu gründen. Dem dagegen erhobenen Ein=
wurf, daß diese Auffassung katholifierend sei, begegnet
er mit der Bemerkung, daß der Begriff der Kirche,
welche die katholische Lehre als notwendige Vermittelung
zwischen Christus und den Einzelnen einschiebe, die
ecclesia repraesentans, der rechtlich privilegierte Clerus
sei, er dagegen die Gemeinde der Gläubigen im Sinne
habe. Zwischen dem rechtlichen und religiösen Begriff
der Kirche sei zu unterscheiden. Die Schleiermacher'sche
Formel sei nur ein Widerschein der pietistischen Zer=
setzung des Kirchenbegriffs, welche im Voraus dadurch
möglich geworden, daß die lutherischen Dogmatiker in
der individuellen Heilsordnung den Begriff der Kirche
nur undeutlich zur Geltung gebracht haben. —
Diesen Ausführungen Ritschl's stelle ich gegenüber was
Hofmann in der ersten Hälfte des siebenten Lehrstücks
seines Schriftbeweises sagt: „Der Christ weiß sich in
einer persönlichen Gemeinschaft mit Gott, welche da=
durch vollkommen ist, daß sie ihm in Jesu Christo
vermittelt ist. Sie ist ihm aber, ob zwar in Jesu
Christo persönlich, so doch durch den Dienst der Kirche,
das heißt der durch den Geist Jesu Christi für diesen
Dienst geeinigten und befähigten Gemeinde des christ=
lichen Glaubensgehorsams und insofern sachlich ver=
mittelt, da es sinnlich Wahrnehmbares ist (Wort und
Wasser und Brot und Wein), was diese Kirche zu
Mitteln ihres Dienstes hat". Da kommt das
Richtige in der Auffassung Ritschl's zur Geltung,
nämlich dies, daß der Einzelne in Beziehung zu Christus
gesetzt wird nur durch den Dienst der Kirche. Dessen
ungeachtet steht er aber doch in einer persönlichen,
ob auch sachlich vermittelten Gemeinschaft mit Christus.
Denn der Dienst, welchen die Gemeinde dabei
leistet, ist ein lediglich instrumentaler. In den durch
sie verwalteten Gnadenmitteln, in Wort und Sakra=
ment, an welche der Herr seine Gnadengegenwart ge=
bunden hat, tritt er selber persönlich an den Einzelnen
heran, er, welcher, um wiederum mit Hofmann zu

reden, seit Auferstehung und Himmelfahrt seine menſch=
liche Natur zum vollkommenen Mittel der Bethätigung
ſeiner zugleich ewigen und geſchichtlich vollendeten Ge=
meinſchaft mit Gott dem Vater beſitzt. Dieſe Gegenwart
Chriſti innerhalb ſeiner Gemeinde kommt bei Ritſchl
nicht zu ihrem Recht. Freilich bemerkt er (III,558),
die Behauptung, daß man innerhalb der Gemeinde
der Gläubigen die Verſöhnung durch Chriſtus erlebe,
habe nicht den Sinn, daß der Wert, welcher dem
perſönlichen Wirken Chriſti zu unſerer Verſöhnung
beiwohnt, durch den Beſtand der Gotteskindſchaft in
den anderen Gemeindgliedern erſetzt und in die
entfernte Stellung gerückt würde, daß man von Chriſtus
als dem Urheber der eigenen Verſöhnung abſehen
könnte. Die bewußte Unterordnung unter Chriſtus
werde dadurch nicht überflüſſig (III,574). Aber der
Gedanke, daß Chriſtus perſönlich, ob auch vermittelſt
der durch die Gemeinde verwalteten Gnadenmittel an
dem Einzelnen ſich bethätige, wird nirgends aus=
geſprochen. Statt deſſen heißt es nur, daß die Ge=
meinde die deutliche Erinnerung an Chriſtus
vermittle (III,574). Höchſtens wird geſagt, Chriſtus
werde als der fortdauernde Urheber aller ihm gleich=
artigen Einwirkungen und Anregungen anderer Menſchen
für den einzelnen Gläubigen wirkſam. Oder Ritſchl
weiſt darauf hin (III,407), daß die Formel des zur
Rechten Gottes erhöhten Chriſtus für uns entweder
inhaltlos ſei, weil Chriſtus als Erhöhter für uns
direkt verborgen ſei, oder den Anlaß aller möglichen
Schwärmerei abgeben werde, wenn man nicht die
Rückſicht nimmt, daß Chriſtus im Verhältnis zu der
exiſtierenden Gemeinde der Gläubigen, welche er
durch ſein Reden, Handeln, Dulden zu gründen beab=
ſichtigt hat, der fortwährende Grund ihrer Exiſtenz
in ihrer Art iſt. Habe er ſie gegründet durch ſein
königliches Prophetentum und Prieſtertum, ſo könne
man ihre gegenwärtige Erhaltung durch die Fort=
ſetzung dieſer Funktionen des erhöhten Chriſtus nur
danach beurteilen, was man als deren Inhalt in
ſeiner geſchichtlichen Lebenserſcheinung erkennt.
So ſei was Chriſtus als Prieſter für die Gründung
der Gemeinde in ſeinem Leiden und Tode geleiſtet
hat, der fortwirkende Mittelgrund für deren Stellung

zu Gott. Die Fortsetzung des königlichen Pro=
phetentums bedeute, daß die Kraft des Evan=
geliums vom Reiche Gottes, durch welches Christus
die Gemeinde gegründet hat, das Mittel zu deren
Erhaltung und Erweiterung ist, welches der geschicht=
lichen Würde Christi entspricht, und welches seine
Person als immer wirksam zu jenem Zweck erkennen
läßt. Charakteristisch ist es, wie Ritschl denen gegen=
über sich äußert, welche ein unmittelbares Verhältnis
zu Christus und in ihm zu Gott als den Kern des
christlichen Lebens behaupten (III,562). Jede an=
dächtige Betrachtung der Wohlthaten Christi, bemerkt
er, gehe so vor sich, daß man Christus vergegen=
wärtigt. Dem aber, was man als gegenwärtig
anschaue, finde man sich unmittelbar gegenübergestellt.
Dieses Verfahren der Andacht bleibe nun durchaus
in seinem eigentümlichen Rechte, auch wenn die The=
ologie, indem sie als Wissenschaft die Zusammen=
hänge der Religion vollständig und deutlich feststelle,
genötigt sei nachzuweisen, daß solche Akte des reli=
giösen Vorstellens aus einer Reihe von Vermitte=
lungen hervorgehen, deren Erwägung in dem Mo=
mente der Kontemplation übersprungen wird.

Eine derartige contemplative Vergegenwärtigung
Christi sei nur möglich, weil man in der Kirche er=
zogen, in ihr gläubig geworden, in ihr mit der rich=
tigen Kenntnis von Christus ausgerüstet sei. Es
verhalte sich da ähnlich wie mit den Sinneswahr=
nehmungen, wo man auch dem Dinge unmittelbar
gegenüberzustehen meint, während Physiologie und
Psychologie nachweisen, daß diese Wahrnehmungen
eine sehr komplicierte Vermittelung einschließen. In
derselben Weise sei die Theologie genötigt die un=
mittelbare Kontemplation Christi in der Uebung der
Andacht auf alle geschichtlichen Voraussetzungen dieses
Aktes zurückzuführen und an dieselben zu erinnern.
Also nur eine Vergegenwärtigung Christi findet
statt, nicht eine objektive Gegenwart des Herrn in
seiner Gemeinde durch Wort und Sakrament. Daher
kommt nach Ritschl der Rechtfertigungsakt so zu stande,
daß der Einzelne sich an dasjenige hält, was er vor
sich sieht, an die mit dem Attribut der Sündenver=
gebung ausgestattete Gemeinde, das Produkt des

geschichtlichen Wirkens Christi, sich in sie einschließt und dadurch dessen vergewissert wird, daß auch ihm der Zugang in das neue Gnaden- und Kindschafts-verhältnis eröffnet sei, in welches Christus die Ge-meinde aufgenommen hat. Mit Recht sagt Professor Nippold in der bereits angeführten Schrift: „Die theologische Einzelschule", es fehle dem System Ritschl's der altprotestantische Begriff der fides spe-cialis, der den Trost der Sündenvergebung persönlich auf den einzelnen Gläubigen beziehen läßt.

VI.

Werfen wir nun einen Blick auf die Folgen und Wirkungen der Rechtfertigung! Sie hat nach Ritschl ihre direkte Abzweckung auf die Einführung des Menschen in das ewige Leben. Dieses besteht in der im Bereiche der göttlichen Gnade möglichen geistigen Selbständigkeit, welche im Einklang mit Gottes Vorsehung alle Dinge sich selbst unterwirft, sodaß sie zu Mitteln der Seligkeit werden, auch wenn sie — wie Trübsal, Krankheit, Tod — äußerlich angesehen ihr zuwiderlaufen (III,477). In dem so verstandenen ewigen Leben erfährt man die Freiheit der Herrschaft über die Welt — deren vollendetes Urbild uns in Christus entgegentritt —, die Unab-hängigkeit des Selbstgefühls von den Hemmungen wie von den Antrieben der Naturursachen und der partikularen Gesellschaftskreise (der Familie, des Staates, des Volkes), welche das Reich Gottes als die höchste Gemeinschaftsform überragt. Dagegen hat die Recht-fertigung keine direkte Abzweckung auf die Hervor-rufung des sittlich-guten Handelns (III,503). Dieses folgt vielmehr daraus, daß der mit Gott

Versöhnte, d. h. derjenige, der das Mißtrauen und die Feindschaft gegen ihn aufgegeben hat, nunmehr den Weltzweck Gottes: die Herstellung des Reiches Gottes sich aneignet und an dieser Aufgabe sich mit= beteiligt. Gleichwie das r e l i g i ö s e Moment: das ewige Leben aus der R e c h t f e r t i g u n g sich ergiebt, entspringt die e t h i s c h e Thätigkeit aus der V e r s ö h n u n g des Menschen mit Gott, die mit der Rechtfertigung innig verbunden ist. Indessen ist die Freiheit der s i t t l i c h e n G e s i n n u n g, welche sich in dem Handeln des mit Gott Versöhnten erweist, eine der r e l i g i ö s e n Freiheit über die Welt gleichartige Funktion, in deren Ausübung ohne Rücksicht auf den E r f o l g ebenfalls ewiges Leben erfahren wird nach dem Wort des Jakobus (Kap. 1,25), daß der Thäter des Gesetzes der Freiheit s e l i g ist in seinem Thun.

In dieser Darlegung Ritschl's fällt zunächst auf, daß der Begriff: ewiges Leben d i e s s e i t i g gefaßt wird. Er erkennt an, daß die überwiegende Stimmung der Schriftsteller des N. T. darauf gerichtet ist, das ewige Leben in der Form der Hoffnung in das J e n s e i t s zu verlegen, wie sie auch den Begriff des göttlichen Reiches auf die Stufe seiner V o l = l e n d u n g beschränken (III,470). Verhält es sich aber so, dann durfte Ritschl nicht sagen, daß die griechische Kirche, indem sie das ewige Leben als ἀφθαρσία definiere, damit die Vorstellung der helle= nischen Mysterienkulte von der Seligkeit fortsetze, und daß die lateinische Kirche, indem sie das ewige Leben in die Erkenntnis oder das Schauen Gottes setzt, nur das Streben der neuplatonischen Philosophie bestätige, während die Reformation eine bessere und christlichere Vorstellung vom ewigen Leben und der Seligkeit mit sich geführt habe (III,468, vgl. Luther's Schrift „von der Freiheit eines Christenmenschen"). Vielmehr ist es s c h r i f t g e m ä ß das ewige Leben als nimmer aufhörende Seligkeit in der zukünftigen Welt, demnach als ἀφθαρσία aufzufassen und gleichfalls s c h r i f t = g e m ä ß, es als Erkenntnis oder Schauen Gottes aufzufassen (vgl. Matth. 5,8 und Johannes 17,3.). Freilich ist die ζωὴ αἰώνιος nicht eine n u r jenseitige, sondern nimmt ihren Anfang bereits in d i e s e m Leben (vgl. z. B. Römer 8,10), aber eben nur ihren Anfang, während die Vollendung der Zukunft vorbehalten bleibt, auf welche die Hoffnung der Gläu= bigen gerichtet ist. Ritschl dagegen legt den Ton in solchem Grade auf das Diesseits, daß Professor Lemme — unter anderm in mehreren im Reichsboten, Jahrg. 1895, erschienenen Artikeln — sogar behauptet, der genannte Theologe kenne überall nicht eine Un= sterblichkeit der Seele. „Wenn der Begriff", bemerkt Ritschl (III,470), „blos auf Zustände des jenseitigen Lebens angewandt wird, so liegt sein Inhalt auch jenseits aller Erfahrung und kann keine Erkenntnis begründen, welche von wissenschaftlicher Art wäre. Hoffnungen und Ahnungen von der stärksten subjektiven Gewißheit sind darum nicht deutlicher und erhalten in sich keine Gewähr der Vollständigkeit dessen, was man hofft und ahnt. Das evangelische Bekenntnis, daß die Rechtfertigung im Glauben die Gewißheit des ewigen Lebens begründet oder mit sich führt, ist theo= logisch unbrauchbar, so lange nicht diese Zweckbeziehung in der gegenwärtig möglichen Erfahrung nach= gewiesen wird." — Wenn ferner Ritschl die Beziehung des ewigen Lebens auf das Verhältnis zu der den Christen umgebenden Welt betont, es in der geistigen Beherrschung aller Dinge und ihrer Umwandlung zu Mitteln der Seligkeit bestehen läßt, so dürfte in dem Begriff selbst doch nur die Unantastbarkeit und Unzerstörbarkeit der dem Christen eignenden Seligkeit seitens aller feindlichen Gewalten enthalten sein, nicht aber eine positive Einwirkung auf die Welt, die erst die Folge davon ist, daß man in der Gemeinschaft mit Christus und in ihm mit Gott ewiges Leben genießt. Ich sage in der Gemeinschaft mit Christus. Dies führt auf einen anderen Einwand gegen Ritschl's Auffassung der ζωὴ αἰώνιος. Wodurch besitzt der Christ dieselbe? Nach Ritschl scheint es so, als ob die Rechtfertigung an und für sich bereits, nicht irgend etwas, das infolge derselben dem Christen zu teil wird, ewiges Leben verleihe. Indem der Mensch zum Kinde Gottes angenommen wird, Gott als seinen Vater weiß, erhebt sich seine Persön= lichkeit in freudigem Selbstbewußtsein und Vertrauen auf die väterliche Vorsehung Gottes über alle hem=

menden und versuchenden Gewalten dieser Welt.
Nach Schrift= und Kirchenlehre dagegen ist es der h.
Geist und Christus im h. Geist, dessen Gemeinschaft
ewiges Leben verleiht. Dem gegenüber findet Ritschl
(III,501) eine Schwierigkeit darin, daß Paulus
die christliche Freiheit, deren erfahrungsmäßiger Inhalt
mit der Bedeutung des ewigen Lebens übereinkomme,
einerseits von der Rechtfertigung ableitet, andrerseits
aber in Verbindung mit dem h. Geist bringt (Galater
3,14. 4,5 und 6. 2. Korinth. 3,17. Römer 8,2.
14—16). Dazu bemerkt er, daß die Kombination
zwischen dem Geiste Gottes in den Gläubigen und
ihrer Freiheit nicht den Sinn einer kausalen Ver=
bindung habe. Die Konkurrenz des h. Geistes habe
in diesem Falle nicht die Bedeutung, die Ableitung der
Freiheit von dem Rechtfertigungsakte unklar zu
machen. Der h. Geist, der mit der Freiheit zusammen
ist, sei als Erkenntnisgrund, nicht als Real=
grund derselben von Paulus gedacht. Also: der h.
Geist erleuchtet den Christen darüber, daß er als
durch die Rechtfertigung Gottes königliches Kind ge=
worden frei ist vom Weltzusammenhang, d. h. ewiges
Leben hat. Dagegen genügt es daran zu erinnern,
daß nach der Anschauung der gesamten h. Schrift der
Geist Gottes der Geist des Lebens ist, des phy=
sischen sowohl wie des ethischen — vgl. z. B. in
ersterer Beziehung Apok. 11,11 — also derjenige, der
dasselbe recht eigentlich setzt und schafft, nicht blos
derjenige, der den Menschen erkennen lehrt, daß er
Leben hat. Ueberhaupt finden sich inbetreff des h.
Geistes bei Ritschl merkwürdige Auslassungen. Die
Bestimmung dieses Begriffs, sagt er (III,501), sei
von der Theologie in einem solchen Maße vernach=
lässigt, daß er die dazu notwendige Arbeit in seinem
Buche über Rechtfertigung und Versöhnung in der
Geschwindigkeit nicht nachholen könne. Die Vernach=
lässigung der Sache habe aber den praktischen Schaden
nach sich gezogen, daß man entweder des Gebrauchs
dieser Vorstellung überhaupt sich enthalte oder eine
Art unwiderstehlicher Naturkraft darunter verstehe,
welche den regelmäßigen Verlauf der Erkenntnis und
die gesetzmäßige Uebung des Willens durchkreuze.
Gegen diese Auffassung polemisiert Ritschl wie, um

mit Nippold zu reden, gegen alle kaufale Erklärung
geistiger Vorgänge als Entwertung des Geistigen zum
Naturding, weshalb er denn auch die Ursache der
Einzelsünde nicht in der angeerbten Natursünde finden
will. Trotz Johannis 3,5 leugnet er, daß der h.
Geist im N. T. als das göttliche Mittel der Wieder=
geburt des Einzelnen vorgestellt werde (III,571), in=
folgedessen dieselbe als stoffliche Veränderung verstanden
werden müßte, insofern durch das Wort Gottes in
dem Menschen ein übernatürlicher = und quantitativ
übermächtiger Trieb angeregt würde, welcher im all=
gemeinen Gott zu gefallen und im Besonderen alles
Gute erstrebt, deshalb den bisherigen Antrieben zur
Sünde entgegenwirkt. Hierin sei die Meinung aus=
gedrückt, als ob dieser göttliche Faktor den Menschen
mit einer Art von Naturnotwendigkeit in Bewegung
setze, wodurch der h. Geist in die nächste Analogie
zu den natürlichen geistigen Kräften gestellt werde,
welche abgesehen von der Gegenwirkung des auf
einen allgemeinen Zweck gerichteten Willens wie Natur=
kräfte wirken (III,570). Dem gegenüber definiert e r
den h. Geist als die Erkenntnis, die Gott von sich
hat, und, insofern derselbe in der christlichen Ge=
meinde wirksam ist, als die Kraft der vollständigen
Erkenntnis Gottes, die als solche das Zusammen=
wirken aller Einzelnen in der Gemeinde in dem Ver=
trauen auf Gott als unsern Vater und in der
Ausführung des Reiches Gottes begründet. Eine
h e i l i g e s L e b e n schaffende Kraft bedarf also der
Mensch nach seiner Rechtfertigung und Versöhnung
nicht, ist vielmehr, nachdem er seinen Widerspruch
gegen Gott aufgegeben und dessen Weltzweck: Auf=
richtung des Reiches Gottes auf Erden sich angeeignet
hat, in sich selber mächtig genug im Lichte des h.
Geistes, der ihn Gott als Vater anrufen lehrt, sich
zu heiligen und für Gottes Reich zu arbeiten.

Gleichwie es aber nach Ritschl keiner Kraft
bedarf zu einem n e u e n Leben, so auch keiner wirk=
lichen Erlösung von dem a l t e n Leben der Sünde.
Nachdem Paulus in dem Abschnitt Römer 3,21—5,21
von der R e c h f e r t i g u n g gehandelt hat, erhebt
er Kap. 6,1 die Frage: was wollen wir nun sagen?
Mögen wir in der Sünde beharren, damit die Gnade

desto mächtiger werde? — und antwortet darauf:
Das sei ferne! Die wir der Sünde gestorben
sind, wie sollten wir noch in ihr leben? Daß wir
aber der Sünde gestorben sind, begründet er durch
die Thatsache unserer Taufe auf Jesu Tod. Mit
der Rechtfertigung verbindet sich die Taufe.
Gleichwie wir in ersterer von der Schuld der
Sünde freigesprochen werden, befreit uns letztere in
Kraft des Todes Jesu, welche durch sie dem Einzelnen
vermittelt wird, auch von ihrer Macht, damit
außer Wirkung gesetzt werde der Leib der Sünde,
seine Thätigkeiten (πράξεις), die σάρξ σὺν τοῖς παθή=
μασι καὶ ταῖς ἐπιθυμίαις, daß wir hinfort der Sünde
nicht dienen (Römer 6,6). Ueber diese Befreiung
auch von der Macht der Sünde, nachdem ihre
Schuld von uns genommen ist, weiß Ritschl's
System nichts zu sagen. Wieder und immer wieder
redet er in seinem Buche von der durch die Recht=
fertigung erlangten Befreiung des Menschen aus dem
hemmenden und versuchenden Zusammenhang mit
Natur und Welt, in den er sich hineingestellt
sieht, aber im Grunde niemals von der Erlösung
aus der Sündenmacht im eigenen Wesen. Und doch
hebt das n. T. Letzteres besonders hervor als Folge
der Rechtfertigung, z. B. Paulus, wenn er Römer
8,2 sagt: das Gesetz des Geistes des Lebens in
Christo Jesu befreite mich von dem Gesetz der Sünde,
inbetreff deren er eben vorher gesagt hatte, daß sie
in der σάρξ wohne. Es zeigt sich hieraus abermals,
daß Ritschl die Sünde nur in den Willen setzt, den
Hang zur Sünde aus den zur Gewohnheit gewordenen
verkehrten Willensentscheidungen erklärt. Ganz
anders Paulus, der den Willen des natürlichen
Menschen als einen von der Uebermacht des Fleisches
geknechteten hinstellt. Eben darum thut denn auch
nach Ritschl keine mit der Rechtfertigung sich verbin=
dende Erlösung not aus dieser Knechtschaft.
Vielmehr der aus der gottfeindlichen Richtung wieder=
gekehrte, mit Gott versöhnte Wille ist eben damit schon
frei geworden von der Sünde. Mangel an
tiefer Erkenntnis der Sünde, ihrer
Schuld und Macht ist die eigentliche
Wurzel, aus der alle Jrrtümer der
Theologie Ritschl's entspringen.

7

Im heiligen Geist, von welchem wir so eben
redeten, tritt Christus selbst den Gerechtfertigten nahe,
wie denn Römer 8,10 und 11 die Ausdrücke mit
einander abwechseln, daß Christus und daß der
Geist Gottes in den Gläubigen sei. Wie faßt nun
Ritschl das Verhältnis Christi zu den Gerechfertigten
auf? Weil ihm zufolge, wie wir vorhin gesehen
haben, der Herr hinter dem Ergebnis seiner Wirk=
samkeit: der Kirche zurücktritt, eine persönliche Gegen=
wart des Herrn innerhalb seiner Gemeinde nicht statt=
findet, kann denjenigen Aussprüchen des neuen
Testaments, zu welchen auch der eben angeführte
gehört, nicht ihr Recht widerfahren, die von einem
Sein oder Wohnen Christi in den Gläubigen
handeln. Er in ihnen, sie in ihm — das ist's, was
in den johanneischen Abschiedsreden so bedeutsam
hervortritt und was er in dem Schlußgebet: Joh. 17
für sie erbittet. Dem entsprechend erfleht Paulus
für die Epheser in seinem Briefe an sie (Kap. 3,17),
daß Christus in ihren Herzen wohnen möge durch den
Glauben (vgl. Galater 2,20). Daher ist die in der
späteren protestantischen Dogmatik aufgekommene,
jedoch schon in der Konkordienformel (vgl. solida
declaratio, Artikel III: „von der Gerechtigkeit des
Glaubens vor Gott") sich vorfindende Lehre von der
unio mystica als Folge der Rechtfertigung schrift=
gemäß, und muß es als Abschwächung des Sinnes
der genannten Stellen bezeichnet werden, wenn Ritschl
in ihnen nur die Willensübereinstimmung der
Gläubigen mit Christus, vermöge deren sie seine
Motive und Zwecke sich aneignen, finden will.
Er hält den Gedanken einer realen Gemeinschaft der
Gerechtfertigten mit Christus und Gott im heiligen
Geist nicht für genuin lutherisch, sieht da einen
Rückfall in die mittelalterliche Mystik. Durch die
der Rechfertigung nachfolgende unio mystica werde
erstere zu einer bloßen Vorstufe der letzteren herab=
gesetzt, mithin aus ihrer dominierenden Stellung
verdrängt, was zu allerlei Schwärmereien Anlaß
gebe. In seiner Schrift: „Theologie und Metaphysik
(S. 51) sagt er, die Behauptung einer derartigen
unio schließe die Möglichkeit aus, zwischen Wirklichkeit
und Hallucination zu unterscheiden. Für die Konfusion

pietistischer und rechtgläubiger Bestrebungen in der
Gegenwart sei es bezeichnend, wenn man von einem
anerkannt korrekten Lutheraner (gemeint ist Prof.
Luthardt) vernehmen könne, daß er auf sein unmittel=
bares, persönliches Verhältnis zu Christus Gewicht
lege und sich schwer davon überzeugen lasse, daß er
hiermit das Luthertum verleugne und Schwarmgeist
sei. Damit hängt es zusammen, daß es Ritschl un=
angenehm ist, wenn nicht nur im Mittelalter sondern
auch in den der Reformation entsprungenen Kirchen
der Anspruch der L i e b e zu Christus einen ungemein
breiten Raum einnimmt, da L i e b e nur zwischen den=
jenigen stattfinden kann, die einander n a h e sind oder
wenigstens einmal nahe gewesen sind, während Christus
nach Ritschl den einzelnen Gläubigen ferne steht, da
die K i r c h e zwischen ihm und ihnen steht. Es sei
darauf zu halten, sagt er (III, 563), daß in die dem
evangelischen Christen geziemende Kontemplation Christi
nichts von den Elementen des Hohenliedes, d. h. von
dem Liebesspiel auf gleichem Fuße mit dem Ge=
liebten eingemischt werde. Das richtige Verhalten
des Christen zu dem Erlöser sei der G l a u b e, der
sich ehrfurchtsvoll ihm unterordnet, während, wenn
man von der Liebe zu Christus rede, es unent=
schieden bleibe, ob man sich ihm unterordne oder
gleichstelle. Im N. T. werde die L i e b e zu Christus
außer Joh. 21,15 und 16 nicht genannt, (III,560).
A b e r d i e s i s t i r r i g. Sie wird auch in anderen
n. t. Stellen genannt. Wer Vater oder Mutter, Sohn
oder Tochter mehr liebt als mich, der ist meiner nicht
wert, spricht der Herr Matth. 10,37, nimmt also
unsere Liebe in Anspruch. Wem wenig vergeben ist,
sagt er Lukas 7,47, der liebet wenig, nämlich i h n,
während derjenige, dem gleich der großen Sünderin
viel vergeben ist, viel liebet ih n. Ein ganzer Abschnitt
ferner der letzten Reden im Johannesevangelium
(Kap. 14,15 — 24), mit den Worten beginnend:
„liebet ihr mich, so haltet meine Gebote", handelt
von der Liebe der Jünger zu Christus (vgl. Kap.
14,23 u. 28 u. 8,42). Und Paulus sagt: wenn jemand
den Herrn Jesum Christum nicht lieb hat, der sei
Anathema 1. Korinth. 16,22. Und Petrus hebt es
in seinem ersten Briefe (Kap. 1,8) hervor, daß die=

jenigen, an welche er schreibt, den Herrn Jesum nicht gesehen und doch lieb haben. Johannes der Täufer bereits nennt ihn den Bräutigam und seine Jünger= schaar die Braut (Joh. 3,29). Er selber nennt sich eben= falls so und die Jünger die υἱοὶ τοῦ νυμφῶνος (Lukas 5,34 u. 35). Die Offenbarung Johannes wird von der Anschauung durchzogen, daß Christus gegenwärtig der Bräutigam und die Gemeinde die Braut sei vgl. Cap. 22,17 u. 21,9. Erscheint er nun wieder, um in sichtbarer Herrlichkeit sich mit ihr zu vermählen, so erfüllt sich das Wort: die Hochzeit des Lammes ist gekommen, und sein Weib hat sich bereitet (Apok. 19,7). Apok. 3,20 enthält eine Anspielung auf Hoheslied 5,2. Wo immer aber so die Gemeinde die Braut Jesu Christi genannt wird, liegt der Gedanke der bräut= lichen Liebe gegen ihn zu Grunde.

Man sieht hier wiederum, wie wichtig es ist, an der Präexistenz, der Vorweltlichkeit, also an der ewigen Gottheit Christi festzuhalten. Wer in ihm nur den Menschen sieht, durch welchen Gott sich offenbart, nur ein Geschöpf in ihm sieht, welches mit Gott in Sohnesgemeinschaft steht, mag immerhin die Auferstehung und Erhöhung Christi anerkennen. Nichtsdestoweniger wird die Allgegenwart des Erhöhten innerhalb seiner Gemeinde im Wort und Sakrament, die eine reale Liebesgemeinschaft stiftet zwischen ihm und den Seinen, undenkbar erscheinen. Als ein immer doch beschränktes, endliches Wesen bleibt er ihnen fern in den Räumen des Himmels. Nur dann ist diese Gemeinschaft denkbar, wenn der Erlöser schon vor seiner Menschwerdung die göttlichen Eigenschaften: Allgegenwart und Allmacht besaß, die er nunmehr im Stande der Erhöhung und zwar als der Menschgewordene wieder an sich genommen hat.

In Uebereinstimmung mit dem, was hier über Ritschl's Auffassung des Verhältnisses des Gerecht= fertigten zum h. Geist und zu Christus ausgeführt worden ist, sagt Prof. Nippold wiederum mit Recht, Ritschl weise manches aus dem religiösen Erfahrungs= gebiete aus, was für andere recht eigentlich dazu gehöre, ja das Heiligtum der Religion ausmache. Er eifere gegen die persönliche Heilsgewißheit des gläubigen Subjekts durch das Zeugnis des göttlichen

Geistes als gegen katholische und heidnische, im Pie=
tismus wieder aufgelebte mystische Doktrin. Eine
unmittelbare, persönliche Heilsgewißheit des Gläubigen
sei ihm Gehörshallucination, eingebildetes Privatver=
hältnis. Aber die göttliche Beglaubigung der per=
sönlichen Heilsgewißheit in der Menschenseele, die
unmittelbare Einwirkung des Gottesgeistes auf den
Menschengeist, eine unio mystica im gesunden evange=
lisch = biblischen Sinne, im Sinne Christi, der den
Pfingstgeist als Tröster in die Herzen seiner Gläubigen
geben wollte — das sei eben doch noch lange kein
heidnischer Mysticismus, keine Illusion. Wenn sich
auch das eigentliche Mysterium des christlichen
Glaubenslebens der wissenschaftlichen Analyse entziehe,
so seien die spöttischen, naturalistischen Einwendungen
Ritschl's dagegen um nichts stichhaltiger als die
Kritik des älteren Rationalismus gegen Geisteszeugnis,
Gebetsverkehr und Gnadenwirkungen.

Hier ganz besonders wird die von Ritschl ver=
tretene Erkenntnistheorie für sein System be=
deutsam, die freilich auch andere seiner Lehrauffassungen
beeinflußt. Ueber diese ausführlicher zu reden dürfte
für unsere heutige Verhandlung nicht fruchtbar sein,
da uns das vom theologischen auf philosophisches
Gebiet hinüberführen würde. Nur um die eben an=
geführten eigentümlichen Aussprüche Ritschl's wenigstens
teilweise zu erklären, sei darüber kurz folgendes
bemerkt!

Drei Erkenntnistheorieen stellt Ritschl einander
gegenüber. Die erste ist die platonisch=scholastische.
Diese unterscheidet das Ding an sich, welches hinter
dessen einzelnen Aeußerungen und Wirkungen liegt,
von letzteren als etwas Besonderes, Selbständiges,
und sucht es zu begreifen. Die zweite ist die kan=
tische. Sie behauptet, daß wir nur die Aeu=
ßerungen, Erscheinungen der Dinge, nicht aber
diese selbst zu erkennen vermögen. Die dritte, von
Lotze vertretene, eignet sich Ritschl an. Sie be=
hauptet, daß wir das Ding in seinen Aeußerungen
erkennen. Es ist von denselben gar nicht zu unter=
scheiden, ist nur der Inbegriff dieser Thätigkeiten, ist
die Ursache seiner auf uns wirkenden Merkmale, der
Zweck, dem dieselben als Mittel dienen, das Gesetz

ihrer konstanten Veränderungen. Es giebt also, wenn wir diesen Satz auf die menschliche Seele anwenden, kein Ich, welches sich als der verborgene Hintergrund unterscheiden ließe von seinen Bethätigungen im Wollen, Denken, Fühlen, vielmehr ist eben dieses Wollen, Denken, Fühlen in seiner gesetzmäßigen Totalität der ganze Mensch. In diesen Thätigkeiten giebt sich das Ich völlig aus und behält nichts zurück. „Wir wissen nichts" — sagt Ritschl (III, 21) —, „von einem Ansich der Seele, von einem in sich geschlossenen Leben des Geistes über oder hinter den Funktionen desselben, in denen er thätig, lebendig und als eigentümliche Wertgröße sich gegenwärtig ist. Es ist ein Widerspruch darin, daß die Vermögen der Seele ihre Wirkungen ausüben und zugleich ruhend das eigentliche Dasein der von ihren Funktionen abgetrennten Seele ausmachen sollen." Daher erkennt er den Gedanken nicht an, daß Christus im h. Geist sich mit dem Innersten des Menschen, das den einzelnen Willens-, Gefühls- und Denkbewegungen zu Grunde liegt, vereinige, mit ihm in Gemeinschaft trete. Er leugnet eben, daß es ein solches Innerste giebt. Nur einzelne Wirkungen Gottes und Christi auf die Erkenntnis, die Empfindung, das Handeln des Menschen kennt er als Reize, die dann wieder eine Reaktion, eine Thätigkeit der davon berührten Persönlichkeit hervorrufen. Zum Beispiel: „Gott straft mich" — sagt Ritschl in der Schrift: „Theologie und Metaphysik" S. 50 — „in der Reue" — die entsprechende Gegenwirkung zu einer Thätigkeit Gottes auf den Menschen. „Christus tröstet und ermutigt mich, indem ich den Wert seines Vorbildes empfinde oder mich nach den Motiven richte, welche, in seiner mir gegenwärtigen Person zusammengefaßt, — ihn zum Anfänger und Vollender meines Heils machen.

Wie es sich nun auch mit dieser Erkenntnistheorie verhalten möge, jedenfalls werden die Aussprüche des n. T's. über ein Sein und Wohnen Gottes und Christi in den Gläubigen — was mehr bedeutet, als daß letztere einzelne Wirkungen beider an sich erfahren — ihr Recht behalten müssen. Es wird bleiben müssen bei dem, was der Apostel Paulus Ephefer 4,6 von den Christen sagt, daß sie einen

Gott und Vater ihrer aller haben, der nicht allein
über ihnen allen ist und durch sie alle ist, sondern
auch — das Größte und Wunderbarste! — in ihnen
allen ist, wozu Hofmann in seinem Kommentar S.
147 bemerkt: „das Verhältnis Gottes zu denen, die
an ihm ihren Gott und Vater haben, erscheint im
Fortschreiten von ἐπὶ πάντων zu διὰ πάντων und
von διὰ πάντων zu ἐν πᾶσιν als ein immer näheres.
Ueber allen seiend ist er ihnen jenseitig; durch sie
hin seiend ist er ihnen diesseitig, aber in der Bewegung
durch sie hin, in ihnen seiend ist er der jedem Ein=
zelnen stetig gegenwärtige, ihn mit sich erfüllende.“

So weit über die Irrtümer der Theologie
Ritschl's! Diejenigen Punkte habe ich hier hervor=
gehoben, die von unmittelbar praktischer Bedeutung
sind. Ueber seine Gotteslehre stelle ich keine
These. Da hätte sonst — außer einem von mir
bereits in anderem Zusammenhang namhaft ge=
machten Grundfehler des Systems: der Zurückstellung
der göttlichen Heiligkeit — vor allem dieses
genannt werden müssen, daß er zwar die Persön=
lichkeit Gottes mit Energie behauptet, aber keine
ontologische, sondern nur eine ökonomische Trinität
kennt, wie schon daraus hervorgeht, daß er die Schrift=
aussagen über die Präexistenz Christi zu beseitigen
sucht. Die Gotteslehre betreffend sei hier schließlich
nur auf eins noch aufmerksam gemacht!

In der Schrift: „Theologie und Metaphysik“ be=
streitet Ritschl im Gegensatz zu Frank, daß man in
der Darstellung der Gotteslehre mit dem Begriff des
Absoluten, d. h. des Durch sich selbst= und In sich
-selbst= und Seinselbstseins den Anfang machen müsse.
Er bezeichnet diesen Begriff als einen „metaphysischen
Götzen“, welcher überdies gegen den Unterschied
zwischen Schöpfer und Geschöpf sich neutral verhalte.
Wörtlich bedeute er: was abgelöst ist, was in keinen
Beziehungen zu Anderem steht. Da könne nun jedes
Ding von diesem Gesichtspunkte aus betrachtet werden.
Ein jedes könne als in sich selbst und durch sich
selbst und für sich selbst seiend aufgefaßt werden,
erstens nämlich als in sich selbst seiend nach der
Analogie mit der erkennenden Seele, welche in dem
Wechsel ihrer entsprechenden Empfindungen sich als

dauernde Einheit fühlt und erinnert, und zweitens
auch als durch und für sich seiend. Denn wie die
Seele sich als Ursache ihrer wechselnden Empfin=
dungen unter dem Reize der Erscheinungen des Dinges
behaupte und sich in diesen Wahrnehmungen als
Zweck ihrer selbst inne werde, so stelle sich auch das
isolirte Ding in seinen Merkmalen als causa sui und als
finis sui vor. So gedacht entbehre aber das Ding
aller besonderen Qualitäten. Es sei ein rein for=
meller Begriff ohne Inhalt. Ein Inhalt komme erst
in den Begriff, wenn man das Ding in seinen Be=
ziehungen zu Anderen, zu uns auffasse. Vorläufig
sei es auf sich isoliert. „So geringfügig" — ruft
Ritschl aus — „ist der Begriff des von Frank mit
so großem Gewichte als Gott proklamierten Abso=
luten!" Dem gegenüber möchte man fragen, ob
Ritschl wirklich im Ernst glaube, daß die Dinge dieser
Welt, die sämtlich ihren Ursprung von anderswoher
genommen haben, wegen ihrer doch nur sehr relativen
Selbständigkeit mit Recht als durch sich selbst seiend
bezeichnet werden können. Einzig und allein von Gott kann
das in Wahrheit gesagt werden. Der Begriff des Durchsich=
selbstseins also des Absoluten ist auch keineswegs erst durch
Philosophen gebildet worden, ist vielmehr eine Eigen=
schaft, die Gott selber von altersher im Unterschied
von allem Geschöpflichen sich beigelegt hat. In dem
Namen Jehova nämlich liegt sie ausgesprochen, mit
welchem er sich dem Volke Israel durch Moses zu
seinem Gott gegeben hat. Was besagt der Name?
Er selbst erklärt ihn 2. Moses 3, 14. Er bedeutet:
ich bin, der ich bin, oder auch, wie es weiter heißt:
ich bin. Wenn jemand anhebt zu sagen: ich bin —,
so erwartet man, er werde nun dieses und jenes
nennen, wodurch genauer bestimmt wird, wer er sei,
er werde nennen etwa Ort und Zeit seiner Geburt,
Eltern usw. Hier aber wird in dem folgenden Relativ=
satz das Verbum des Hauptsatzes einfach wiederholt:
ich bin, der ich bin, das heißt: das Sein Gottes läßt
sich in keinerlei Weise aus anderweitigen Ursachen, aus
ihm zu Grunde liegenden Bedingungen erklären und
bestimmen. Das Sein Gottes hängt von nichts außer
ihm ab, sondern allein von ihm selbst, er ist der aus
und durch sich selbst Seiende, der Absolute (vgl.

Hofmann's Schriftbeweis, Th. 1, S. 82, erste Auflage).
O ein großes Wort, das wahrlich von keiner Kreatur,
sondern allein von Gott ausgesagt werden kann! Weil
Gott von nichts außer ihm, sondern allein von ihm
selbst abhängt, als der unendlich Freie, so hängt er
erstens nicht ab wie wir von der Zeit, d. h. er ist
ewig. Ihm eignet das Sein in allen drei Zeitformen,
der Vergangenheit, der Gegenwart, der Zukunft, weshalb
der Name Jehova in der Offenbarung Johannis
(Kap. 1, 4) in die drei Sätze auseinandergelegt wird:
der da war und der da ist und der da kommt. Zweitens
hängt Gottes Sein nicht ab vom Raume, er ist nicht
wie wir auf einen Ort beschränkt, d. h. er ist allgegen=
wärtig. Drittens ist er auch nicht wie wir in seiner
Macht beschränkt, d. h. er ist allmächtig. Endlich ist
er auch nicht wie wir in seinem Wissen beschränkt,
d. h. er ist allwissend. Weil er das alles von sich
sagen kann, was in dem Worte: ich bin, der ich bin
— liegt, darum kann er auch allein im Gegensatze zu
allem abgeleiteten, vergänglichen Sein, im Gegensatz
zu aller Kreatur, die das Leben nicht aus sich selbst
hat, sondern es von ihm nur empfängt wie der Strom
aus der Quelle, in vollem Sinne von sich sagen: ich
bin, während die Götzen der Heiden nichts sind
(Nichtse: Elilim, Jesajas 2, 18). — Nun ist es ja
allerdings richtig, wie Nitschl bemerkt, daß der Begriff
des Absoluten an und für sich keine Beziehung hat zu
etwas Anderem. Weil Gott der durch sich selbst
Seiende, der sein selbst Seiende ist, darum ist er sich
selbst genug und bedarf keines Anderen. Sein wird
nicht von Menschen Händen gepflegt als der jemandes
bedürfte, so er selber jedermann Leben und Odem und
alles giebt (Apostelgeschichte 17, 25). Wenn aber dieser
souveräne Gott aus freiem Liebesentschluß — woran
er doch wohl durch seine Absolutheit nicht verhindert
wird, er, der gerade als solcher der ungehindert, der
schrankenlos Freie ist, sich dem Volke Israel durch
Moses zu seinem Gott giebt, so gewährt seine Absolut=
heit, die in dem Namen Jehova ausgesprochen ist, den=
jenigen, die an diesem Felsen sich halten, allen Feinden,
z. B. Pharao und den Egyptern gegenüber eine unüber=
windliche Freudigkeit (vgl. die beiden ersten Verse des
von Moses gedichteten 90. Psalms). Wäre der Gott,

der Israel zu seinem Volk erwählt hat, weniger groß und herrlich, so würde man geringeres Vertrauen auf ihn setzen.

So steht's also, wenn wir die Behauptung Ritschl's, der Begriff des Absoluten sei als ein metaphysischer Götze aus der Theologie zu entfernen, auf ihre Schriftmäßigkeit hin prüfen. So oft der Name Jehova im alten Testament genannt wird, werden wir eben damit daran erinnert, daß Gott der Seinselbstseiende, d. h. der Absolute ist. Wenn Ritschl einen Ausspruch Luther's für sich citiert, der zu Johannis 17,3 bemerkt, daß man allein durch und in Christo den Vater erkenne, daher man sich hüten solle vor allen Lehrern, die oben am höchsten anfangen zu lehren und predigen von Gott blos und abgesondert von Christo, wie man bisher in hohen Schulen spekuliert und gespielet habe mit seinen Werken droben im Himmel, was er sei, denke und thue bei sich selbst — so ist darauf zu erwidern, daß Luther damit die vorläufigen, alttestamentlichen, auf Christus abzielenden Gottesoffenbarungen ganz gewiß nicht für wertlos erklären, sondern den Gedanken hat betonen wollen, daß wir Gott nicht auf dem Wege philosophischer Spekulationen, sondern durch die Heilsgeschichte, deren Höhepunkt allerdings die Offenbarung in Christo bildet, erkennen. In der Heilsgeschichte aber hat sich Gott durch den Namen Jehova bereits als den Absoluten, durch den anderen Namen: der Heilige in Israel als den Heiligen und in Christo, wie vorläufig schon durch manche Worte und Werke im alten Bunde, als Liebe offenbart.

Ich komme nun zu dem zweiten Theil des mir aufgegebenen Themas. Nicht allein über die Irrgänge sondern auch über die Wahrheitsmomente der Theologie Ritschl's sollte ich reden. Hier aber werde ich mich kurz fassen. Anzuerkennen ist, daß er prinzipiell die Dogmatik auf die heilige Schrift — zunächst des neuen Testaments, aber in seinem Zusammenhang mit dem alten — gründen will, nicht auf das christ-

liche Bewußtsein, auch nicht auf die natürliche Gottes=
erkenntnis, die er freilich angesichts der Stelle Römer
1,19 und 20 zu gering veranschlagt. Das Streben
ist berechtigt, aus der christlichen Glaubenslehre Philo=
sophie und Metaphysik auszuscheiden, wenn auch Ritschl
mehreres — z. B. die Präexistenz Christi, die Ab=
solutheit Gottes, die Definition des ewigen Lebens als
Schauen Gottes — für philosophische Spekulation
ausgiebt, was doch Schriftlehre ist. Ob er freilich
seinem Prinzip, die Glaubenslehren nur aus der
Schrift abzuleiten immerdar getreu geblieben sei, ist
eine andere Frage. Ich meine nachgewiesen zu haben,
daß er vielfach eigene, nicht biblische Gedanken ent=
wickelt hat, obwohl er einen ganzen Band seines drei=
teiligen Werkes, nämlich den zweiten darauf verwendet
hat, die Schriftmäßigkeit seines Systems darzuthun.
In der Begründung der Dogmatik aus der Bibel
tritt bei ihm das alte Testament, nämlich die in ihm
bezeugten Gottesthaten sehr zurück. Nur auf die
für die Religion Israel's wichtigen Begriffe: Sünde,
Gerechtigkeit, Heiligkeit, Zorn Gottes, Versöhnung,
Opfer richtet er seine Aufmerksamkeit und sucht aus
ihrer Anwendung im alten Testament die neutesta=
mentliche Bedeutung derselben abzuleiten — eine un=
zweifelhaft richtige Methode, wenn auch die auf diesem
Wege gewonnenen Resultate nicht immer stichhaltig
sein möchten. Seine Schriftforschung hat ihn dazu
geführt den Begriff des Reiches Gottes in den
Mittelpunkt der Theologie zu stellen — ein frucht=
barer Gedanke! Ueber dasselbe, wie es von allen
Gemeinschaftsformen des natürlichen Lebens sich unter=
scheidet, und über das Leben im Reiche Gottes sagt
er Schönes und Treffendes, faßt es jedoch vorwiegend
diesseitig auf. Was sodann die Behandlung und
Darstellung der Dogmatik im Ganzen betrifft, so
wird es gewinnbringend sein, wenn man wie Ritschl
die Glaubenslehren nach ihrer Bedeutung für die
christliche Gemeinde und den einzelnen Christen wertet.
Daher die Werturteile in seinem System! Freilich
liegt hier der Wahrheit ein verderblicher Irrtum
sehr nahe, wenn der Theologe, falls er den Zusammen=
hang, in welchem diese oder jene von der Schrift be=
zeugte Lehre oder Thatsache — z. B. die Präexistenz

Christi — mit seinem persönlichen Christentum steht,
nicht einzusehen vermag, dieselbe für bedeutungslos erklärt
oder aber durch die Bedeutung, welche sie für das
christliche Subjekt gewonnen hat, gleichgültig wird
gegen die Frage, ob sie auch objektiv wahr sei.
Aber die falsche Anwendung eines Grundsatzes schließt
die richtige nicht aus. Jedenfalls entspricht das in
Rede stehende Verfahren dem Geiste Luther's. Wir
sehen's aus dem kleinen Katechismus. Da legt er in
dem ersten Hauptstück sofort dar, was jedes der
heiligen zehn Gebote gerade von uns fordert, sodaß
man im Konfirmandenunterricht gut thun wird, die
beiden Fragen auseinanderzuhalten und gesondert zu
behandeln: was sagt das Gebot dem Buchstaben
nach den Juden — und: was sagt es dem Geiste
nach uns Christen? Auf letztere Frage antwortet
Luther mit seinem: Was ist das? Und im zweiten
Hauptstück fängt Luther bei der Erklärung der drei
Artikel sofort an von der eigenen Person zu reden:
ich glaube, daß mich Gott geschaffen hat, ich glaube,
daß Jesus Christus sei mein Herr, ich glaube, daß
ich nicht aus eigener Vernunft und Kraft an Jesum
Christum, meinen Heiland glauben oder zu ihm kommen
kann, bezieht also die Gotteswerke der Schöpfung,
Erlösung und Heiligung alsobald auf sich. Folgt
die theologische Wissenschaft dieser Spur, so wird sie
vor unfruchtbaren Spekulationen — z. B. über das
Verhältnis der drei innergöttlichen Personen zu ein=
ander abgesehen von ihren Offenbarungen in der
Welt — bewahrt bleiben.

Ich schließe damit, nach den eben genannten
Wahrheitsmomenten, die für den Theologen wichtig
erscheinen, auf einen Grundgedanken im System
Ritschl's hinzuweisen, der geeignet sein dürfte, dem
Christentum noch fern stehende Philosophen ihm
näher zu bringen: In der Welt sind Natur und
Geist als zwei selbständige, von einander unabhängige
Gebiete zu unterscheiden. Die Unterordnung des
Ethos unter den Begriff des Kosmos ist immer das
Merkmal heidnischer Weltanschauung, vor welcher das
Christentum nicht zu Recht besteht und niemals mit
Erfolg seine Rechtfertigung erstrebt (III,25). Der
Geist fühlt sich nun höheren Wertes als die ganze ihn

umgebende Natur. Und doch wird er andrerseits durch ihre Einwirkungen und Gesetze, in deren Zusammenhang er hineingestellt ist, mannigfach gehemmt und gebunden. Dieser Widerspruch fordert eine Lösung. Sie wird nur gefunden in dem Gott, welcher sich durch Christus geoffenbart hat. In dem von diesem gestifteten Reiche Gottes erlangen wir kraft des Glaubens, daß Gott als unser Vater, wie er sich in Christo erzeigt hat, alle Dinge zu unserem Heile leitet, die Freiheit von der Natur, ja die H e r r s c h a f t über sie, die alle ihre Einwirkungen zu Mitteln der Seligkeit umwandelt, d. h. ewiges Leben. —

Den Inhalt des ersten Teils meines Referats fasse ich in sechs Thesen zusammen:

Gegen das theologische System Ritschl's sind folgende Einwendungen zu erheben:

I. Die Offenbarung Gottes in Christo wird nicht mit der vorangehenden und nachfolgenden Heilsgeschichte, deren Mittelpunkt sie ist, in organischen Zusammenhang gesetzt.

II. Der Urstand des zum Bilde Gottes geschaffenen Menschen wird geleugnet, mithin auch die Sünde des Erstgeschaffenen nicht als Fall aus diesem Urstande und die seiner Nachkommen nicht als Erbsünde begriffen.

III. Da die Präexistenz des Erlösers der Sünder als für den Glauben ohne Bedeutung hingestellt wird, scheint die wahrhaftige, ewige Gottheit desselben fraglich, und die Möglichkeit wird offen gelassen, daß er nur eine endliche, erschaffene Persönlichkeit gewesen sei, die mit Gott in Sohnesgemeinschaft stand.

IV. Die in dem Tode des Erlösers sich vollziehende Genugthuung für die Sünde der Menschheit wird geleugnet, an deren Stelle die Kundthuung der sündenvergebenden Liebe Gottes in dem bis zum Tode sich bewährenden Erlöser tritt.

V. In folge deſſen iſt der die Rechtfertigung —
die ſchrift= und bekenntnißgemäß als Gerechtſprechung,
nicht als Gerechtmachung definiert wird — ermög=
lichende Grund nicht die ſtellvertretende Genug=
thuung Chriſti, welche der Glaube zu ergreifen hat,
ſondern die in der Perſon des Erlöſers erſcheinende
grundloſe Liebe Gottes. Sie ſelbſt wird aber als
Gemeinde=, nicht als Individualrechtfertigung aufgefaßt.

VI. Als Wirkungen und Folgen der Rechtfertigung
werden Gefühle und einzelne Tugenden genannt:
Selbſtändigkeitsgefühl der Welt gegenüber, Vertrauen
auf Gottes väterliche Vorſehung, Demut und Gebuld
im Leiden, aber nicht die reale Liebesgemeinſchaft
des Gerechtfertigten mit Chriſtus und Gott im heiligen
Geiſt, die alle einzelnen Tugenden erſt ermöglicht.

Anmerkung:

Mit Unrecht iſt in meinem Vortrag gegen Ritſchl's
Opfertheorie die Stelle 3. Moſes 1,4 angeführt worden
— es heißt dort nicht niſtach ſondern nirzah! —; mit
Recht dagegen 3. Moſes 14,20, wo auch als Wirkung
des Brandopfers die Reinigung genannt wird.
